노을 녘을 즐기며

이범찬 수필선집

교음사

작가의 말

미수까지 살면 여한이 없겠다고 공언을 하다 『어느 결에 팔팔이』를 출간한 것이 엊그제 같은데, 망백의 산마루에까지 올랐으니, 나는 참으로 축복받은 인생이다.

그동안 이런저런 일로 적어 놓은 글들이 여러 편 모아졌다. 겨울 나그네의 갈 길은 누구도 알 수가 없으니 더 저물기 전에 서둘러 한 묶음 엮어 놓고 가기로 했다. 마음을 비우고 아름다운 노을을 즐기는 마음으로 백수의 고지를 향해 발걸음을 옮겨 보련다.

1부와 2부에는 일상적인 주변의 이야기를 실었고, 3부에는 그동안 겪어온 여러 가지 인연을, 4부에는 젊어서 다녀온 명승지 중에 인상 깊어서 옛 추억이라도 되살려 보려고 몇 편 골라 실었다.

어려운 때에 출판을 흔쾌히 맡아주신 수필문학사 강병욱 대표님께 깊은 감사를 올린다.

2024년 8월 1일 영락재에서 이범찬

| 이범찬 수필선집 |

- 차 례
- 작가의 말

1. 봄이 오면

4월의 추억 … 16
70년 만의 모교 방문 … 19
꽃동네 … 24
세 번째 출품작 … 28
나의 룸메이트 … 34
아름다운 착각 … 37
방아다리 공원 … 41
스승의 날에 … 43
어버이날의 단상 … 47

2. 마음 비우려

가을이 좋아 … 52
아쉬움이 남는 가을 나들이 … 56
세월의 무게 앞에 … 60
쇼핑 난민 … 63
낯선 곳으로(시조) … 66
겨울 나그네의 몸부림 … 68
강화도 화개정원 … 71
사월애 나들이 … 74
겨울 나그네의 가을걷이 … 78
수필을 찍어 낸다면 … 84
경강선을 타고 … 87

3. 인연의 메아리

> 내 인생을 바꿔놓은 두 사람 … 92
> 상남 따라 삼천리 … 97
> 한자(漢字) 한 자 때문에 … 102
> 문우의 고마움 … 104
> 윤기관 작가의 '북 콘서트' … 107
> 존경합니다 … 110
> PEN문학상 수상 소감 … 112
> 영광의 혁대 … 115
> 영광스러운 현창 … 117

4. 다시 가보고 싶은 곳

잉카문명의 불가사의 … 122
차마고도(茶馬古道) … 130
그 나무를 만나러 … 135
카이로와 룩소의 불가사의 … 140
동유럽 단상 … 147
폴란드의 그늘진 관광지 … 152
험준한 밀림을 뚫고 … 158
환상의 황산 트레킹 … 162
다시 찾은 장가계 … 172
뱃길 5천 리 … 177
노을녘의 행복(시조) … 182

| 작가 연보 | … 184

1

봄이 오면

4월의 추억

꽃 피는 4월을 싫어할 사람이 있으랴만, 나만큼 좋아하는 사람도 있을까 싶다. 분명 4월은 나의 달이다. 4월을 기다리다 초하루에 태어났으니, 4월이 없으면 나도 없었겠구나, 망상을 하다 보면 저절로 활기가 솟아난다.

금년 4월은 어느 해보다도 감회가 깊다. 힘겹게 기어 올라와 보니 어느 결에 망백(望百)의 산봉우리가 아닌가. 이제 내려갈 길만 남은 듯해서, 계묘년 생일에 맞춰 회고록 『송암문학관』을 펴냈다. 내 영혼에게 차려주는 조촐한 잔칫상이라고나 할까. 이제 지팡이 신세를 지는 처지이니 글쓰기를 접으려 했는데 내가 좋아하는 『푸른솔』의 문예지로부터 '4월 중에 수필 한 편 써 달라'는 청탁을 받았다. 시간적인 여유도 있거니와 곰곰이 생각을 해 보니 4월이면 떠오르는 일도 많지 않은가.

1953년 4월 1일에 서울대학교 법과대학에 입학을 했고, 1958년 4월 1일에 대학원에 진학을 했으며, 1960년 4월 1일에 국민대학 강사, 그다음 해 동 대학의 전임강사로 취임해 남들의 부러움을 사기도 했다. 성균관대학교에서 정년퇴임을 하자마자 운 좋게도 다음 해인 1999년 4월 1일에 일본의 나고야경제대학 전임교수로 취임하여 봉직하다, 2007년 4월 1일부터 2년간을 객원교수(전임대우)로 만 10년을 채우고 명예교수로 임명되었으니, 나는 2모작 인생을 화려하게 보낸 셈이다.

모두가 4월에 일어난 일인데, 그중에서도 잊을 수 없는 추억거리를 추려보자면, 4·19혁명부터 들지 않을 수 없다. 3·15 부정선거로 시작된 학생과 시민의 항거에 무릎을 꿇고 자유당 정권이 맥없이 무너지는 사태를 보면서 권력 무상을 절감했다. 그 후 나는 정치에는 외면을 하고, 학문의 길로 매진하기로 다짐을 했다.

그 당시 국민대학의 야간부 강의실에는 나보다 훨씬 나이가 많고 사회적 기반이 단단한 장년들이 대부분이었다. 30세 전의 새파란 젊은 강사가 학생을 휘어잡기는 쉬운 일이 아니었다. 흑판에 강의 제목을 멋지게 써 놓고 첫날의 100분 강의를 막힘없이 마쳤다. 얼마나 긴장했던지 2층에 있는 교수실로 올라갈 때는 다리가 후들후들 떨렸던 기억을 잊을 수가 없다. 그래도 그 4월의 어려운 고비를 잘 넘겼으니, 역시 4월은 나의 달이라고 자부하고 싶다.

  나는 4월에 태어난 덕을 톡톡히 보기도 했다. 일본의 대학교수도 정년은 65세이지만, 정년 전에 지방대학으로 옮겼을 때는 70세까지 연장될 수 있다. 명예교수의 요건도 엄격하여 그 대학에서 20년을 근속해야 한다. 그런데 나는 대학원에 법학과를 창설할 때 문부성으로부터 승인을 받은 창립멤버(속칭으로 '마루고교수')라 2년이 더 연장된다. 또 공교롭게도 내 생일이 4월 1일인데, 일본의 학년도는 4월 1일에 시작한다. 생일이 속하는 학년도의 말에 정년퇴임을 하기 때문에, 다음 해 3월 말일까지 1년이 더 연장됐다. 결국 8년 근속으로도 특별히 명예교수 증서를 받았고, 2년을 더 객원교수직으로 근무하여 76세까지 10년의 강단 생활을 연장할 수 있었다.

70년 만의 모교 방문

6·25참전유공자들은 6월이 오면 해마다 여러 가지 기념행사가 있어 바빠진다. 올해도 6월 15일 4시에 매헌기념관에 모이라는 연락을 받아, 참석한다고 확답을 했다. 그런데 공교롭게도 여일회(驪一會)에서 모교 방문을 하는 행사와 겹치게 되었다. 난감했으나 유공자회의 행사는 오후 4시이니, 일찍 여주를 가서 오후 2시경에 여주역에서 떠나오기로 했다.

나는 1952년 여주농업고등학교 제1회 졸업생인데, 망백의 노인이 되어서야 처음으로 모교를 방문하다니 감회가 새롭기도 하려니와 부끄럽기 이를 데 없다.

그런데 금년에 차재호 동문이 여주자영농고를 다녀왔다지 않는가. 차 동문이 1,000만 원을 기증까지 하고 왔으니, 학교 당국도 여일회 동문들을 초청하게 된 것이다.

나는 즉시 교감 선생 앞으로 참석한다는 회답과 함께 내가 쓴 책들을 한 상자 우송했다.

교감 선생님께

수고하십니다. 후배들과 만나는 대화의 자리를 마련해 주신다니 고맙습니다.

제가 쓴 책들을 한 권씩 모아 우송하니 선처해 주시면 고맙겠습니다. 동봉하는 졸작 시조는 후배들에게 전하고 싶은 저의 마음을 적어 본 것입니다. 못난 선배의 선물이요, 상봉의 날을 기리는 흔적이라고 생각해 주시면 좋겠습니다. 앞으로 발간하는 책은 모두 보내드리기로 약속하겠습니다.

1) 6월 15일 12시에 각자 여주전철역에서 모이기로 했으니, 자동차를 보내 주시면 고맙겠습니다.
2) 참석자 명단
   여일회 회장 - 최병주
   여일회 동문 - 조긍상, 장채환, 이범찬, 차재호와 차재향
   (차재호의 누이동생, 보호자)

2023. 5. 19. 1회 졸업생 이범찬 올림

100여 명의 동기생이 다 사라지고 겨우 5명이 참석했으니

지팡이를 짚고라도 따라나서기를 잘했다 싶었다.

6·25전쟁 당시를 돌이켜 보면 서울이 수복되어 우리들이 학교를 찾아갔을 때는 책상도 의자도 다 없어져서, 목재 바닥에 털썩 앉아 공부를 했다. 졸업 후에 여주읍 하리에서 능서면의 '농도원' 터로 이전을 했으나, 각자 제 갈 길이 바쁘다 보니 학교를 방문하지 못했다.

몇 해가 지나서 '여주자영농업고등학교'로 교명이 바뀌었는데, 얼마 후 '전문대학'으로 승격하였다는 소식을 전해 듣게 되니, 발전해서 좋기는 하지만 추억 어린 고등학교가 없어져서 허전하고 실망스럽기도 했다. 그래서 모교를 잊어버리고 한평생을 살아온 셈이다.

찾아가 보니 북성산 기슭에 30만 평의 부지에다 실습지와 영농시설을 갖춘 학교로 발전했지 않은가. '여주농업경영전문학교'를 자영농고의 부설기관으로 설치한 것을 2년제 초급대학으로 승격한 줄로 잘못 인식을 했으니 이제 와서 누구를 탓하랴! 바보들의 탄식이다.

학교 식당에서 점심을 마친 후, 자그만 회관에서 재학생 대표들과 우리 1회 졸업생이 한자리에 모여, 기념사진도 찍고 대화도 나눌 수 있었다. 나는 농심을 몸에 익히라는 당부를 했다.

여주농고 일회모임 모교 찾은 다섯 명
홍안 소년 백발 되어 돌아온 자영농고
뉘라서 세월의 무게 거역할 수 있으랴

선후배 한자리에 옛 추억 되살리고
속내를 털어놓고 공부도 함께하면
정겨운 소통의 자리 세상을 밝혀주리

－「만남의 자리」

   돌이켜 보면 우리는 신설 농업학교의 열악한 환경에서 어렵게 공부를 했다. 실습시간에는 두 사람이 함께 똥통을 메고 학교 변소에서 오물을 퍼다 채소를 길렀고, 방학 중에는 풀을 베어 퇴비 증산에 땀을 흘리기도 했다. 잡초가 아닌 농작물은 농부의 땀과 정성이 없이는 자랄 수가 없다. 뿐만 아니라 풍성한 수확을 걷으려면 자연의 순리에 따라 끈기 있게 때를 기다리며 애정을 쏟아부어야 한다. 아무리 조급해해도 벼 이삭을 만들어 붙이거나 뽑아 올릴 수는 없지 않은가.

   성실과 끈기가 농부의 큰 덕목이니 이것이 곧 농심(農心)이다. 평생 어려운 삶의 굴곡 속에서 나 자신을 든든하게 지켜낼 수 있었던 것은 바로 농업학교에서 배운 농심 덕분이라고 자부한다.

   나는 후배들과 대화를 나누면서 여일회관(驪一會館)의 꿈을 꾸어보았다. 이 잊을 수 없는 만남을 기리는 의미에서도 여일회원의 뜻을 모아 자그마한 회관이라도 세울 수 있다면 얼마나 좋을까. 물론 넘어야 할 산이 많다. 위선은 건설비가 문제이고, 학교 당국과의 협의, 시와의 협의를 거쳐야 할 것이니 말이다.

농도원 옛터에 옮겨 앉은 자연농고
북성산 바라보며 세종의 큰 뜻 품어
새 기술 익히는 농심 밝은 세상 펼치리

여일회원 모여들어 대화의 방 꾸미고
선후배 옛정 살려 다지는 모교 사랑
화려한 여강(驪江)의 꿈은 앞날을 밝혀주리
-「여일회관 세우면」

망백의 산마루에 올라 여일회관 건립의 꿈이 이루어지기를 바란다면 겨울 나그네의 과욕이라 할까?

『월간문학』 656 (2023. 10)

꽃동네
- 우리 동네 이야기

이른 아침부터 시작하여 매일 다섯 번씩 공원을 돌아오는 것이 나의 일과다. 코로나19가 퍼졌으니 사회적 거리두기를 지키기 위해서만은 아니다. 다리가 무거워져서 15분 이상 걷기조차 어려운 처지가 되었으니 어쩌랴. '울긋불긋 꽃 대궐 차리인 동네', 홍난파가 작곡한 「고향의 봄」을 흥얼거릴 때면, 어린 날의 고향보다 아름다운 꽃동네에서 산다는 행복감에 젖어 든다.

대문을 나서면 넓은 골목길이 빌라 단지를 곧게 갈라놓아 우면산 자락이 한눈에 들어온다. 집마다 정원수가 가득 들어섰고, 영춘화가 담장에 늘어져 봄볕을 즐긴다. '방아다리근린공원'에 노란 산수유꽃이 만발하면 담장 안의 백목련이 해맑은 미소를 보내고, 공원 옆 '양정빌라'의 뜰에는 탐스러운 진달래가 수줍게 얼굴을 붉힌다. 몇 발짝 안 가서 우회전하면 왼편의 우면산 숲속에서 엉성하게 자란 진달래가 꽃잎을 날리고, 길가의 개나리들이 노란 등불을 달고 줄지어 기다린다. 부지런한 산새들은 떼를 지어 나뭇가지를 옮겨 다니며 짹짹댄다.

뒤질세라, '온누리 교회'로 이어진 길 양쪽에 심은 벚꽃이 활짝 피어나 꽃동네의 봄은 절정을 이룬다. 멀리 여의도 윤중제까지 가서 벚꽃 구경할 필요가 없다. 공원 풀밭에 앙증맞은 민들레꽃이 벌어질 때면 시원한 바람결에 라일락 향기가 내 가슴으로 스며든다. 벚꽃 잎이 날려 길 위에 연분홍으로 수를 놓으면 '신동아빌라' 담장의 탐스러운 철쭉꽃 무리가 솟아나는 푸른 잎에 바통을 넘기니 꽃동네는 활기를 되찾는다.

이렇듯 아름다운 동네가 강남의 한복판, 그것도 초역세권에 자리한다니 이 또한 큰 자랑이 아닌가. 강남대로와 3호선 신분당선이 교차하는 양재역이 10여 분 거리에 있고, '서초구청', '행정법원', '가정법원', '서초문화예술회관', '스포츠센터'까지 줄지어 들어섰으니 편리하기 이를 데 없다. 내가 이곳에 터를 잡은 지도 어언 반백 년이 흘렀다. 강산이 몇 번 바뀌었으니 이제는 나도 말죽거리 터줏대감이 된 셈이다.

30대 초반 이화여자대학에 근무할 때다. 경영학과의 한(韓) 교수를 따라 말죽거리를 찾아왔다. 한강에 다리라곤 제1 한강교밖에 없었으니, 흑석동으로 돌아 벌판길을 달렸던 기억이 새롭다. 복덕방 영감의 안내로 우면산 끝자락으로 올라갔다. 지금의 서초구청 뒷산이다. 사방을 가리키며 말죽거리의 사연을 늘어놓았다. 이 동네는 한양의 관문이라 삼남 지방의 과객은 이곳에서 밤을 지내고 말에 죽을 먹여서 말죽거리란 이름이 붙었단다. 한 교수는 북쪽에 있는 대지를 샀고, 나는 돈이 없어 남쪽의 논을 소개받았다. 산 위에서 바라다보니 허허벌판이 장차 훌륭한 주택가로 개발이 될 듯싶었다. 우면산 능선이 아늑하게 품었고, 논 남쪽으로 양재천이 흐르며, 멀리 구룡산과 청계산이 감싸고 있으니, 배산임수(背山臨水)의 지형에 명당자리라고 얼치기 풍수설을 늘어놓는다. 양재동이란 이름도 좋으니 장차 훌륭한 인재가 나올 것이라고 수다를 떨어댔다.

나는 여주의 논을 평당 350원에 팔아서 양재동의 논을 평당 1,720원에 샀다. 교수가 되었으니 고향에 내려가 농사를 지을 수는 없을 터, 서울에서 임대료를 받아 식량에 보태라는 부모님의 배려 덕분이다. 호사다마라 했던가. 얼마 후에 개발할 것이란 풍문이 돌더니, 부동산 투기 억제 세제가 나오고, 뒤이어 이 지역을 군사 보호지역으로 묶었다고 하지 않는가. 거래도 끊기고, 논의 임차인은 첫해만 쌀 한 가마를 주고는 떼먹고 나니, 싸울 수도 없어 체념하고 말았다.

그 후 몇 해가 지나자 갑자기 규제가 풀리며 구획정리가 시

행되었다. 그 정보를 미리 알아낸 자가 찾아와 수용당할 것이니 팔라고 졸라댔다. 공정한 시세도 알 수 없으려니와 그동안의 고초를 생각해서도 단연 거절했다. 전(全) 대통령이 사저를 지으려 계획했다가, 여론이 좋지 않아 집터를 땅 주인에게 되돌려주었다는 후문이다. 그래서 그 제일 좋은 자리에 '온누리교회'가 들어서게 되었고 아름다운 꽃동네가 형성되었다.

그러나 김영삼 정부가 들어서며 어설픈 토지 공개념에 사로잡혀 모든 나대지에는 공한지세를 부과하고 현금이 없어 체납하면 현물로 납부해야 한다지 않는가. 몇 해만 현물로 납세를 하면 대지 자체가 날아갈 지경이니 무리한 건축을 했다. 공한지세는 면했지만, 건축비 관계로 강제집행을 당하게 되었다. 도리 없이 강제집행을 면하느라 연금까지 일시불로 받아 은행 빚을 갚고 말았다.

하늘이 무너져도 솟아날 구멍이 있다고 했던가. 우여곡절 끝에 오랫동안 고난의 행군을 하긴 했으나 늘그막에 인생의 봄날을 맞게 되었다. 요새 LH 투기사태가 물의를 일으키게 되니, 막내아들이 한마디 한다. 우리 아버지는 일생일대 현명한 농지 투자를 했다고.

세 번째 출품작

 나는 서예를 좋아한다. 젊어서 시작했으니 서력으로 따지자면 꽤 오래된 셈이다. 1963년에 이화여자대학의 전임강사로 발령을 받았다. 법정대학에 젊은 교수는 나 하나밖에 없었으니, 법정대학 등산부 지도교수를 비롯해 농촌계몽대 지도교수, 서예반 지도교수까지 내 몫이 되고 말았다.
 서예반이 생기자, 송천 정하건 선생을 지도강사로 모셨다. 물론 그 당시 송천 선생은 중견 서예가 유희강 선생의 문하생으로 서실도 없었다. 그때 맺은 인연이 평생 이어와, 100세전을 하자고 다짐을 하기도 했다.
 그 후 송천 선생은 인사동에 서실을 열고, 한국 서단의 대가로 성장했다. 그러나 나는 중도에 포기하고 학문의 길에 전념해 왔다.

어느 날 사군자를 그리고 싶어 배울 곳을 추천해 달라고 송천서실에 들렀다가 발목이 잡혀 그날로 글씨부터 시작했다. 다른 데 찾아가면 여러모로 어려움이 있을 것이니 틈이 나는 대로 자기 서실에 놀러 와서 글씨를 써 보라고 한다. 아무런 부담도 갖지 말고, 쓰다 보면 사군자도 익히게 될 거란다. 참으로 고마운 충고다. 사실은 그것이 정도요 지름길이라 싶었다.

    사군자 손대려면 글씨부터 익혀야지
    글 못 쓰는 선비가 그림부터 탐내다니
    마음을 비울 길 없어 붓끝만 떨어대네

    날렵한 난의 잎은 봄볕에 나부낄 듯
    명품 붓 잡는다고 그 흉내 낼 수 있나
    향기도 뿜어내려면 추위를 겪던 것을
                       -「묵향부터 즐기려고」

9월에 붓을 잡기 시작했는데, 다음 해 4월에 42회 회원전이 있었다. 무모하게 출품신청을 했다. 주희(朱熹)의 「권학문(勸學問)」 시가 눈에 들어 골랐다.

    少年易老學難成
    (소년이로학난성: 소년은 늙기 쉬우나 학문은 이루기 어려워)

一寸光陰不可輕
(일촌광음불가경: 짧은 시간이라도 가벼이 하지 말지니)
未覺池塘春草夢
(미각지당춘초몽: 못가의 봄풀은 꿈에서 깨어나지도 못했거늘)
階前梧葉已秋聲
(계전오엽이추성: 뜰 앞의 오동잎에는 어느새 가을빛이 짙구나)

전지 작품 하나만도 힘들었을 처지에, 반절지 소품을 더해 두 점을 내기로 욕심마저 부렸으니….

光陰催白髮(광음최백발: 세월은 백발을 재촉하나)
文學重靑春(문학중청춘: 문학은 젊음을 되살린다)

다음 해 제43회 회원전에도 두 작품을 내걸었다.

一切唯心造
일체유심조는 『화엄경』의 핵심사상을 이루는 말인데 '세상사 모든 일은 마음먹기에 달려 있다'는 뜻이다.

신기선(申箕善 1431~1492)의 권면(勸勉) - 示讀書諸生

方寸不容一點塵(방촌불용일점진) 磨來磨去鏡光新(마래마거경광신)
如何擲却光明寶(여하척각광명보) 甘作醉生夢死人(감작취생몽사인)

가슴속에 한 점 티끌 용납하지 않으니
갈고 닦아 거울 빛이 환하고도 새롭구나
어이하여 환히 밝은 보배를 던져두고
취생몽사하는 사람이 즐겨 되려 하나

　사전오기의 힘찬 발걸음이 또 암초에 걸릴 줄이야 어찌 상상이나 했던가. 2016년 1월 27일이다. 호흡기 내과에서 정기 정밀검사를 했다. 4년 동안 매년 해 오던 검사인데, 금년에는 다음 검사일이 7월 21일로 검사 기간이 단축된 것이다. 예감이 좋지 않다. 어쩐지 근자에 와서 목에서 잔기침이 자주 나왔다. 고질병인 코 때문인가 했는데 원인은 생활환경에 있다는 심증이 굳어졌다.
　서예야말로 최고의 웰빙이요, 최적의 힐링이란 송천 선생의 지론엔 공감한다. 그러나 건강한 사람의 경우이지, 미세먼지와 싸워야 하는 호흡기 환자에게는 적용될 리 만무하다. 여름, 겨울, 수시로 바람을 날려야 하는 서실 분위기가 내게는 최악의 환경이란 사실을 간과하는 과오를 범했으니 어쩌랴.
　결단을 내렸다. 아쉽지만 서실의 방을 빼고 시골로 내려가 환경을 바꿀 수밖에 도리가 없다. 사전오기의 내 먹물 놀음이 오기 오전으로 막을 내려야 할 것인가. 마음이 착잡했다. 어차피 우리가 가는 길에 완성이란 없는 법, 주어진 여건에서 최선의 노력을 다할 뿐이다. 진인사대천명(盡人事待天命)이라고 하지 않았던가.

그러나 회원들과의 만남을 산에서 이어가기로 했다. 매월 첫 일요일이면 송천산악회의 근교 산행에 따라나섰다. 마음으로라도 글씨를 써 보자는 셈일까. 홍연 회장을 비롯해 중산, 모인당, 유정 등 대 선배들이 반겨주고 배려해줘서 참으로 고맙다.

금년 3월의 남산 둘레길 산행 날이다. 나는 회원들을 따라 걷기가 어려우니, 동대입구역에서 만나 책이나 전해주고 회식이나 즐겁게 할 셈으로 나갔다. 일순 회원이 작품을 완성했다며 점심을 쏘겠다고 안내해서 오래간만에 즐거운 시간을 보냈다.

작품 마친 일순님 마음도 홀가분해
족발집 안내하고 기꺼이 쏘았거니
정겨운 송천산악회 고맙기 그지없네
- 「기다리던 모임에서」

문제는 그다음이었다. 유정 총무님은 곧 마감을 해야겠으니 나보고도 내달라는 게 아닌가.

붓 놓은 지 여러 해가 되었고, 붓이랑 화선지조차 없다고 하니 믿지를 않는다. 회식 후 해산할 줄 알았는데, 중산 회장이 택시를 잡고 타라고 한다. 그리고 인사동 단골집으로 가서, 먹물, 붓, 화선지 등 용품 일체를 사서 안겨주며 빨리 작품을 준비하라지 않는가. 도리 없이 타의 반, 자의 반으로 서둘러 한글 작품을 족자용으로 써서 '지운당' 표구사에 직접 맡기고 돌아왔다. 그런데 도록을 펼쳐 보여주니, 놀랍게도 집사람이 '프르리라'가 아니라 '푸르리라'라고 오자를 지적하지 않는가. 서두르다 보니 「송암의 노래」를 제대로 옮기지도 못했으니 이를 어쩌랴.

(2023. 3. 5)

나의 룸메이트

 답답한 나날을 보내던 터에 『수필문학』의 제30회 하계세미나 통지가 날아들었다. 즉석에서 참가 신청을 하고 설레는 밤들을 보냈다. 지팡이 신세를 지는 처지이니, 문우들에게 불편을 주는 일은 없어야 할 터인데…. 마음을 가다듬으면서.
 행사를 준비하는 분들이 배려를 해 준 덕분에 즐겁고 아름다운 추억을 남기게 되었다. 목에 건 이름표를 보니 룸 넘버가 호텔 접수처에서 가장 가까운 113호실이다. 뿐만 아니라 한 방을 같이 써야 할 두 사람이 다 망백의 사회과학계열 퇴임 교수이니 마음도 편하다. 알고 보니 내가 좋아하는 연하의 S 선배가 바로 김 교수의 제자라 하지 않는가. 묘한 인연이다.
 세미나의 주제는 「수필의 문학치유적 특성에 대한 연구」이다. 내가 겪어본 일이니 마음에 와닿는다.

오랜만에 따라나선 문우들의 나들이
지팡이 의지하며 열어젖힌 마음 문
쌓였던 갈증과 앙금 말끔히 치유되네
- 「춘주 모임」

  다음 날도 날씨가 좋았다. 지팡이에 의지하며 물 위도 걸어보고 소양강 처녀도 만나보았다. 몇 해 전에 본 소양강과는 전혀 다른 풍광이다. 쉴 때는 운 좋게 S 선배 옆자리에 앉아서 담소를 즐기기도 했다. 룸메이트인 김 교수의 재주에 놀라며 즐거운 시간을 보냈다.
  고향을 사랑하여 가곡 「그리운 대가야」를 작사하고 곡을 부친 노래를 직접 육성으로 들려주니 얼마나 멋지고 자랑스러운가. 부럽기 그지없다.
  나도 고향을 못 잊어 「여강(驪江)의 노래」 외에도 「여강의 메아리」를 지어 보았다.

풀 뜯는 송아지는 개울가에 한가롭고
북성산 끝자락엔 흐드러진 진달래꽃
꿀참외 농익어가는 원두막 그리워라

푸른 물 굽이치는 양섬의 은모래 톱
보리밭 고랑마다 종다리 둥지 틀고
꿀참외 농익어가던 원두막 그리워라

그러나 나는 생래적인 음치이니 김 교수의 노래 솜씨가 부럽기 이를 데 없다. 박수 대신 시조 한 편 지어 화답하기로 한다.

꿈속의 고향
  - 가곡 「그리운 대가야」를 들으며 / 김형규 작사, 박정우 작곡

고령 땅 깊은 골짝 푸른 정기 타고나
고향이 그리워서 더듬어 본 대가야
장하다 천 년의 큰 꿈 널리널리 펼치리

『수필문학』 2023년 10월호

아름다운 착각

 예상외로 코로나가 오랫동안 우리들의 일상생활을 가둬 놓았다. 최근에 와서 거리두기를 조금 완화하는 바람에 수필문학추천작가회에서도 정기총회를 하기로 한 모양이다. 답답하던 터에 총회소집통지서를 받자 즉시 참석 통보를 보냈다. 21년도 연간사화집 『아름다운 반칙』의 출판기념까지 겸한다니 지팡이를 짚는 처지이지만 안 갈 수가 없다.
 문제는 근래에 와서 다리가 무거워 지팡이 없이는 움직이기가 어렵다는 것뿐만 아니라 깜박깜박 잊어버리기를 잘하고 기억을 해도 잘못 착각을 하게 되니 어쩌랴.
 이날도 실수를 해서는 안 되겠다고 아침부터 서둘러 집을 나섰다. 오전 11시로 알고 30분 일찍 갈 셈이었는데, 회의장에 도착해보니 큰 화환만 세워져 있고, 회의장 철문마저도 굳게

닫혀있다. 이상해서 관리인에게 물어보니, 오후 2시라 하지 않는가. 아차! 또 착각을 했구나.

　이번 주에는 중요한 모임이 연속되어 있어 기억하기가 쉬웠다. 첫째 날(금요일)은 오전 11시에 시대시 모임이 있고, 둘째 날(토요일)에는 오후 2시에 정기총회가 열리기 때문이다. 그런데, 첫째 날 11시 모임이 갑자기 취소되었다. 그 바람에 둘째 날 정기총회가 실제로는 첫째 날 행사가 된 셈인데, 이 바보가 토요일을 첫째 날로 생각하고 11시를 여기에다 붙이고 말았다. 한심스럽게도 위대한 착각을 하고 말았으니, 이것도 '아름다운 착각'으로 돌리고 자위하는 수밖에!

　3시간의 공백을 메울 길이 없다. 멀리 걸을 수가 없는 처지니 도리 없이 택시를 잡아타고 종로경찰서 앞에서 내렸다. 3호선 전철을 타고 양재역으로 가 스포타임에서 목욕하고, 점심도 먹고, 다시 돌아오면 딱 맞는 시간이다.

　총회가 끝나자 강병욱 이사장의 배려로 옆 건물 지하에서 저녁 회식을 하게 되었다. 오경자 회장이 누군가에게 나의 안내를 부탁한다. 또 폐를 끼치게 되었으니 어쩌랴. 오른손으로 지팡이를 짚고 더듬거리는데, 고맙게도 얼굴도 이름도 모르는 여성 문우가 왼손을 잡아준다. 문득 30여 년 전의 광경이 뇌리를 스쳐갔다.

미수를 바라보시는 해암 문홍주 선생님의 근황이 궁금하여 찾아뵈었을 때였다. 공교롭게 나의 호도 해암이지만, 그 해암과 이 해암은 결코 비교할 바가 아니다.

장관에 두 대학의 총장까지 역임하셨고 대한민국학술원 회원에 재복까지 있으시며, 제자들을 불러 모아 두주(斗酒)를 불사하고 즐기시는 건강을 타고나셨으니, 후학들이 존경하고 부러워하는 우상이 아닐 수 없다. 매일 새벽 두세 시간의 산책을 하신다고 들었는데, 최근에는 새벽 산책은 못 하시고 점심에도 그 좋아하시던 양주 대신 순한 '서울막걸리'를 두어 잔 반주로 하신다.

자리를 옮길 때는 오른손에는 지팡이를 잡고, 왼쪽 팔은 젊고 예쁜 아가씨가 상냥하게 미소 지으며 부축을 해 준다. 그림자같이 따라붙어서 일거일동을 보살피며 오만가지 다 챙겨주니 안전사고의 위험은 상상도 할 수 없지 않은가.

내가 낯설어하니 빙긋이 웃으시며 소개를 하신다. "내 스틱이야"라고.(「미소 짓는 스틱」, 졸저 『원숭이 목각』 91쪽)

나는 『아름다운 반칙』 때문에 '아름다운 착각'을 했고, 아름다운 착각 때문에 '아름다운 추억'을 남기게 되었다. 오늘은 축복 받은 날이구나 생각하니 돌아오는 발걸음은 한결 가벼웠다.

고대하던 모임인데 시간을 착각하니
한심한 나그네 그 누구를 탓하랴만
덕분에 즐거운 추억 오래오래 남기리

           (2022. 4. 23)

방아다리 공원

- 우리 동네 자랑

내가 사는 양재동은 참으로 쾌적하고 오가기가 편리해 좋은 동네다. 잘 만들어진 공원이 세 개나 있다. 오밀조밀 잘 꾸민 '어린이공원'이 있고, 세계에 내놓을 만한 명품 공원 '시민의 숲'이 있다. 여러 가지 수목이 울창하게 들어서 있을 뿐만 아니라, 유명한 윤봉길 의사를 기리는 '매헌관'이 들어서 있다.

그 주변으로는 헤아릴 수 없이 많은 종류의 꽃들이 은은한 향을 풍긴다. 운치 있게 지붕을 짚으로 덮어놓은 그늘막의 밑에는 널찍한 마루판이 깔려 있어 여러 사람이 함께 시원한 바람을 즐길 수도 있다.

특히 마음에 드는 것은 맨발 걷기 시설이다. 매끄러운 강돌을 박아 놓은 '자갈길', 화강석을 부숴 깔아 놓은 '거친돌밭길'에 부드러운 점토를 펴놓은 '진흙길'이 굽이굽이 돌아간다. 그

옆에는 간단한 운동 시설도 설치했고, 세척 시설까지 완벽하다. 포물선을 그리며 솟구치는 음료수 꼭지, 시원하게 쏟아지는 세면 꼭지 옆에서는 세족 꼭지가 발을 깨끗이 씻어주지 않는가.

시민의 숲보다 접근성이 좋기는 '방아다리 공원'이다. 넓고 쾌적하기는 한데, 맨발로 걷기를 즐길 수 있는 '진흙길'을 둘러놓고 세척 시설 하나쯤 설치해 놓으면 더 만족스럽겠는데….

하루에도 몇 번씩 '영광의 지팡이'를 짚고 드나드는 망백의 6·25참전유공자가 서초구청장님께 드리는 간절한 청원이다.

스승의 날에

지루한 겨울이 물러나고 봄이 오면 만물이 활기를 찾는다. 화사한 봄꽃들을 바라보다 5월의 달력을 펼쳐보았다. 근로자의 날, 어린이날로부터 시작해 11개의 기념일과 행사가 눈에 들어온다. 과연 계절의 여왕답게 많은 행사와 즐거움을 품고 있지 않은가.

나도 5월의 여왕 품에 안기면 즐거움만 아니라 지나간 일들도 줄지어 되살아난다. 5월 15일은 붉은 글씨인데, '부처님 오신 날'에 '스승의 날'이 겹쳤다. 스승의 날을 떠올리면 감회가 새로워진다. 한평생을 강단에서 보냈으니 헤아릴 수 없이 많은 제자들이나 스승과의 인연을 맺었다.

오늘의 나를 길러주신 스승 두 분의 은덕을 잊을 수도 없고 보답할 길도 없다. 고병국 교수님은 법과대학 학장이셨고, 대학원 강의도 맡으셨다. 대학원 강의시간에 읽었던 로스코 파운드의 『법의 새로운 길』(Roscoe Pound, New Path of the Law)을 공역을 하기도 했고, 결혼식 때는 주례도 맡아주셨다. 그뿐만 아니라 이화여자대학교의 김옥길 총장을 찾아가 나를 천거해 주셨다. 2학기가 끝나가는 무렵인데, 강의도 하지 않고, 법정대학의 개혁 작업을 맡으라고 11월 3일 자로 전임강사 발령을 내는 파격적인 일도 있었다.

무애 서돈각 교수님은 대학원의 지도교수로서, 논문 지도는 물론이고, 나의 『상법예해』를 공저로 발행하여 주시기도 했다. 그 당시는 국민서관의 문 사장이 형편이 어려워서 젊은 사람의 책을 발행했다가 평이 좋지 않으면 그 위험을 감당할 수 없을 정도였다. 그래서 궁여지책으로 서돈각 교수와 공저로 발행하기를 원했다. 공저가 되었는데, 의외로 호평을 받아 각 대학의 구내서점에서 주문이 쇄도하여 소문이 자자했던 기억이 생생하다.

서 교수님이 국민대학의 교무처장을 겸직하던 시절에는 나를 처음으로 국민대학의 강단에 세워 주셨고, 동국대학의 총장 시절에는 법학박사 학위까지 수여하여 구제박사제도(대학원의 수료 없이 논문 심사만으로 준 학위)의 막차를 태워 주시기도 했다. 오랫동안 한국상사법학회를 이끌어 오다가, 손주찬 회장을 거쳐 나를 제4대 회장으로 밀어 주시기도 했다.

　새해가 돌아오면 두 분 스승을 찾아 아이들을 데리고 세배를 다녔고, 대학에서는 신년하례식을 열어 사제 간, 선후배 간의 인사를 나누며 회포를 풀기도 했다. 그런데 요즘의 세태는 너무도 빨리 삭막해지고 있으니 마음이 무거워진다.

　일찍이 공자는 스승의 말을 신뢰하지 않는 자는 짐승만도 못하다며, 스승의 그림자는 밟지도 말라 했다. 학생의 인권을 옹호한다며 기를 살려, 선생의 말을 듣지 않을 뿐만 아니라, 덤벼들고 폭행까지 자행하며 몰래 녹음까지 한다는 신문 기사를 보게 되니 탄식이 절로 나오지 않는가.

　스승의 날을 맞아 나 자신의 발자취를 되돌아본다. 대접을 받으려고만 했지, 제자들을 아끼고 사랑하며 얼마나 정성을 기울였을까. 얼굴이 뜨거워진다.

　이제라도 두 분 스승의 은공을 깊이 되새기면서, 그분들에게는 보답할 길이 없어졌으니 그 대신 내 제자들에게 모범을 보이고 사랑을 베풀어야 하지 않을까. 그래야만 세상이 발전하고 밝아질 것이다.

　나의 스승은 모두 가셨고, 나 자신도 망백의 언덕에서 허우적거리고 있으니 무거운 내 마음을 다독이며 「스승의 은혜」 시조 한 편을 적어본다.

주례를 서주시고 원서*도 공역서로
대학에도 몸소 가서 어려운 천거하니
그 은공 너무도 커서 갚을 길이 없구나

논문 지도 교재** 공저 사랑을 베풀고
강단에 세워 주고 박사까지 주선하니
그 은혜 크고 고마워 잊을 수가 없어라

*Roscoe Pound, 『New Path of the Law』
**『상법 예해』(상, 하)」

『수필문학』 2024년 5월호

어버이날의 단상

 화사한 봄꽃이 마음을 들뜨게 했을 희망의 달이 어쩌다 공포와 절망으로 가득 찬 잔인한 4월이 되었다. 코로나19라는 미물 앞에 온 세상이 벌벌 떨고, 집 안에 갇히는 '집콕' 신세가 되었으니 참으로 기가 차다. 싱그러운 계절 5월에 어린이날 어버이날이 돌아와도 답답하고 우울하기는 마찬가지다. 매일 와주던 가사도우미마저 친상을 당해 며칠 쉬게 되었으니 어쩌랴.
 가까이서 집안일을 돌봐주던 막내아들이 갑자기 긴급제안을 해왔다. 2박 3일의 강원도 나들이가 어떻겠냐고. 숙박 사정만 해결된다면 생각해 볼 여지도 없지 않은가. 대개 연휴를 즐기고 5일에는 돌아오기 때문에 예약이 가능하다고 한다. 어버이날 일찍 귀경해서 다른 식구들과 함께 회식을 하기로 하고 즉시 출발을 했다.

정년퇴직을 한 후로 동해 쪽 가족나들이는 처음이니 참으로 감회가 새롭다. 날렵한 막내아들 덕에 호강한다고 들뜬 엄마는 수없이 되풀이한다.

서울에서 양양까지 뚫린 고속도로를 달려보기는 나도 처음이니 격세지감을 느낀다. 남양주 톨게이트를 빠져나가니 월문 터널 3개를 비롯해 수없이 많은 굴속을 달리게 된다. 하늘을 보나 하면 다시 어둠 속으로 들어가니 터널관광인 셈이다. 하도 많아 돌아오는 길에 세어 보니 무려 71개나 된다.

특히 백두대간을 꿰뚫는 인제터널은 굽이굽이 돌아가는 장장 11킬로의 걸작품이다. 우리나라 제일의 도로터널이며 세계 11번째로 긴 터널이라 하는데, 서울을 찾은 외국인을 위해서도 1일 관광 상품으로 권장했으면 좋겠다는 생각도 해보았다.

속초의 대포항에서 푸짐한 해물 요리로 배를 채우고 바로 설악산으로 차를 돌렸다. 관광객이 적어서 케이블카도 바로 탈 수 있어 좋았다. 십 년이 몇 번 흘렀건만 산은 변한 게 없지 않은가. 대청봉을 정복하고 울산바위를 기어오르던 젊은 날의 기억이 새롭다. 그동안 나만 변한 꼴이니 세월을 탓해 무엇 하랴.

차를 다시 돌려 고성군의 델 피노(DEL PINO) 대명콘도에 짐을 풀었다. 설악산 밖에서 바라보는 대청봉 능선의 원경과 눈

앞에 다가선 울산바위의 웅장한 모습은 참으로 장관이다. 설악산 풍광의 백미다. 북녘의 금강산보다도 가슴이 탁 트이는 절경이니 마음속에 가득 담아보았다.

 어제는 산악 풍광을 즐겼으니 오늘은 바다의 절경을 즐기자고 막내아들이 아침부터 서두른다. 잘 정비된 동해고속국도를 남쪽으로 양양의 '하조대'까지 달려 보았다. 어제는 물횟집에서 해물을 맛보았으니 오늘은 돌아오는 길에 이름난 '송이버섯마을'을 들러 송이전골을 먹자고 한다.
 내가 가장 운전 기량을 믿고 편안한 마음으로 타는 사람이 막내아들이다. 그러나 네비의 안내에만 의존하니 한 번 경로를 벗어나면 한참 헤맬 수도 있다. 더구나 개천 따라 끝없이 좁은 농로가 여러 갈래 뻗어 있는 시골길에서는 예기치 않은 위험에 빠질 수도 있지 않은가. 그 위험을 우리가 겪을 줄이야…
 돌아올 때 보니 '송이버섯마을'은 동해고속국도에서 멀리 떨어진 곳도 아니었다. 그런데 네비가 지시하는 길보다 일찍 우회전하여 좁은 둑방길로 들어섰던 것이다. 얼마쯤 가다 되돌아오려 하니, 개천을 건너가야 하는데 그 위에 놓인 다리가 길지도 않으려니와 겨우 지나갈 정도로 좁다. 기아자동차의 카니발로는 'ㄷ'자로 회전할 수가 없지 않은가. 내가 내려서 보아주겠다고 하는데도 괜찮다며 페달을 밟는다. 오른쪽 뒷바퀴가 순간 처지는 듯했으나 잘 건너갔다. 참으로 운전의 달인이다.

안도의 한숨을 내쉬며 상상해보았다. 뒷바퀴가 빠졌더라면 구제할 방법이 없지 않은가. 대형 헬리콥터가 와서 들어 올리는 수밖에는…. 아들의 효성에 하늘이 보답했구나 싶었다.

일찍 돌아와 양양의 솔비치(SOL BEACH) 대명콘도에 짐을 풀었다. 이곳은 동해 바다를 바라볼 수 있어서 가슴이 탁 트인다. 다음 날 아침 온통 붉게 물 들은 수평선 위로 이글이글 타오르는 불덩이가 솟구치는 순간을 카메라에 담을 수가 있었다. 아마도 마지막으로 겪어보는 환희와 감격의 황홀경이 될 듯싶다. 미수를 맞은 내게 하늘이 내려준 큰 축복이 아닌가.

눈을 감고 솔로몬의 명언을 다시 되새겨 본다.

'이, 또한 지나가리라.'

(2020. 5. 11.)

2

마음 비우려

가을이 좋아

 가을이 오면 모든 사람이 바빠진다. 풍요로운 한가위 때문만이 아니다. 금년에는 답답했던 코로나도 물러가고, 달력의 연이은 붉은 글씨가 더욱 마음을 들뜨게 한다.
 나는 생리적으로 가을을 좋아한다. 4월생인데도 봄만 돌아오면 식욕을 잃고 기력이 떨어지다, 선선한 가을바람이 불면 생기가 돌고 기운을 차리면서 겨울에는 얼굴이 훤해지니 어쩌랴.
 단풍 나들이를 안 가도 좋다. 황금들의 꿈이 되살아나기 때문이다.
 내가 태어나 자란 고향은 여주시 가업동이다. 그러니 가업동을 감싸고 있는 넓은 들판을 잊을 수가 없다. 가을이 와 벼가 익어가면서 황금 물결이 치면 단풍 진 야산보다 아름다워 '황금들'이란 이름이 붙었다고도 한다. 그 황금들의 꿈은 평생 내 마음을 포근하게 감싸주었고, 힘들고 어려울 때도 나를 지켜 주었다.

황금들을 바라보며 농심(農心)을 익혔기 때문이다. 농심은 농부의 마음이다. 농부는 자연의 순리대로 살아간다. 아무리 덥고 힘겨워도 참고 견뎌내며, 가을의 풍성한 결실을 기대하고 곡식을 가꾼다. 결코 서두르지도 않고 헛된 욕심을 부리지도 않는 것이 농심의 바탕이 아닌가.

나는 농촌에서 자라, 신설 학교인 여주농업고등학교를 제1회로 졸업했다. 몇 달 전에 여주자영농고에서 제1회 졸업생을 초청해서 참가했다. 입학 때 2개 학급에 근 200명의 학생이었는데, 겨우 5명이 모였다. 재학생 대표들과의 대화시간이 있어서, 나는 주저 없이 농심을 몸에 익히라는 당부를 해 주기도 했다.

농심(農心)을 익히며
- 가슴 설레는 모교 방문에 부쳐

담배 창고 마룻바닥 털썩 앉아 책 읽고
퇴비 하며 채소 길러 농심을 배웠거니
그립다 아련한 추억 잊을 수가 없어라

옮겨 앉은 자영농고 발전도 눈부시고
큰 뜻을 품고서 새 기술을 배우거니
장하다 그 꿈과 열정 새 세상을 밝히리

가을의 황금들은 내게는 어린 시절 추억의 보고이기도 하다. 벼 타작을 하는 날이면 추녀 아래 길게 뻗쳐 있던 뜰에 벼를 가득 담은 가마니들이 차곡차곡 쌓여 갔고, 그 틈바구니를 숨어다니며 술래잡기를 하고 놀았으니 말이다.

황금들의 벼를 베고 나면 줄을 지은 벼 포기마저도 아름답게만 보였던 기억도 새롭다. 황금들에 날아드는 참새들을 쫓으며 지키기 위해 논머리에 원두막을 지어놓고 새 보러 다니던 시골 소년의 내 모습도 어렴풋이 떠오르니 웃음이 절로 나온다. 논을 지키지 못하는 시간대를 대비해서 참새들 눈속임으로 엉성한 허수아비를 만들어 꽂기도 했었으니 참으로 재미없는 옛이야기가 되었다.

언젠가 박경리의 장편 소설 『토지』의 배경이 된 하동군 악양면 평사리의 '최참판댁'을 들른 적이 있다. 마침 늦가을이어서 넓은 들판은 쓸쓸했지만, 허수아비만이 홀로 서 있는 것이 인상적이었다. 내가 만들어 세웠던 허수아비와 비교하니 얼마나 멋있어 보였던지, 그때 지어 본 시조가 다시 떠오른다.

들판의 건달

홑적삼에 밀짚모 외발의 저 멋쟁이

참새들 떼를 짓고 노을 녘이 저물면
풍년가 드높게 되어 황금 물결 넘치네

가을걷이 끝날 무렵 된서리 쌓이는데
빈 들녘 지키려나 맨주먹 거머쥐고
찬바람 몰아닥쳐도 자리 뜰 줄 모르네

올해도 가을이 돌아와서 단풍이 붉게 물드니 나들이를 간다고 주위가 어수선한데, 나는 다리가 무거워져서 움직이기조차 어려우니 어쩌랴.

"(사)국제펜한국본부에서는 10월 5일(목)~6일(금) 「강원산림엑스포 산림과 문학세미나」를 강원도 인제 만해마을에서 개최합니다."라고 메일이 날아들었으나, 문우들에게 불편을 주지 않으려면 따라가지 않는 것이 도리라고 생각되어 체념하고 말았다. 지난여름 제30회 『수필문학』 하계세미나에 참가했으나, 걷기가 힘들었었는데 또 그런 우를 범할 수는 없지 않은가.

그 대신 금년 가을에는 막내아들을 데리고, 오래간만에 고향을 찾아가서 황금들이나 둘러보면 어떨까 생각한다.

어차피 나는 어쩔 수 없는 촌놈인걸….

『수필문학』 2023년 11월호

아쉬움이 남는 가을 나들이

　사화집 31호 출간을 자축하는 출판기념회를 알리는 통지가 수필문학추천작가회로부터 날아들었다. 바로 참가 신청을 하고 가슴 설레는 나날을 보냈다.
　여러 모임이 있지만 항상 달력을 보며 기다려지는 모임이다. 임원들이 정성 들여 행사준비도 잘하지만, 특히 사회자가 밉지 않게 예쁜 척하면서 그 기지와 입담으로 분위기를 휘어잡고, 회원들을 편하게 즐겁게 해 주기 때문이다.
　제일 먼저 찾은 곳은 탄도항 바닷길이다. 대부도가 옛날 무인도일 때 나무로 숯을 만들던 곳이라 해서 '탄도'라고 이름을 지었고, 그래서 항구도 탄도항이 되었다고 한다. 건너다보이는 곳이 풍력발전 풍차가 돌아가고 있는 '누에섬'인데, 직선으로 뚫린 그 누에섬 바닷길을 회원들은 몰려가고 있었다. 나는 지팡이 신세를 지는 처지라 도리 없이 강 대표가 열어주는 자가용 승용차 속에서 이런저런 상상을 하고 있었다.

그런데 도중에 회원들은 단체 사진을 찍고 돌아왔다. 그 단체 사진을 한 장 찍어 다음에 낼 회고록의 화보에 올리려고 별렀는데…. 아쉬움만 남긴 탄도항 바닷길이 되었다.

문득 몇 해 전에 갔던 제주도 숲길이 떠오른다. 숲길로 들어서는 입구에는 장애인이나 노약자를 위해서 휠체어가 준비되어 있었다. 나는 막내아들이 밀어주는 의자에 앉아서 황제트레킹을 한 셈이다. 이곳 탄도항 안내소에도 휠체어 한 대쯤 준비해 놓았더라면, 나도 따라가 귀한 사진을 함께 찍었을 텐데…. 제주도와 탄도는 크기와 품격의 차이겠지 생각을 하려니 씁쓸하기 그지없다.

두 번째로 찾아간 곳은 '대부광산 퇴적암층'이다. 놀랍게도 7,000만 년 전의 흔적이라니…. 1999년에 대부광산에서 암석을 채취하던 중 중생대의 공룡 발자국 및 식물 화석이 발견되었다지 않는가. 그 후(2003년) 경기도 기념물 제194호로 지정이 되어 안산의 명소가 되었다.

나는 입구까지 따라가 철책 너머로 보이는 퇴적층과 짙은 초록색의 호수면 물을 바라보며 홀로 사진만 찍고 주저앉아 쉬는 수밖에 없었다. 주황색 깃발을 든 선두 안내자는 오른쪽에 높이 솟은 봉우리를 향해 올라가니 어쩌랴. 모노레일이라도 깔려 있다면 얼마나 좋았을까.

며칠 전에 6·25참전유공자회에서 전적지 순례차 올라갔던 강화도의 '화개정원'이 생각났다. 화개산 전체를 정원으로 만든 기발한 발상이다. 정상에 오르면 높이 솟은 전망대가 있어서 바다 건너의 북한 산야들이 손에 잡힐 듯 다가오고, 유리를 깔아 만든 바닥을 내려다보면 올라온 골짜기 까마득하게 보이니 발이 떨릴 지경이다. 더 놀라운 것은 밑에서 정상까지 모노레일이 상행용, 하행용 두 줄기가 나란히 깔려 있다.

모노레일(캐빈)은 땅 위에 설치한 외줄 레일 위를 서서히 운전자도 없이 자율주행을 하니 마음이 편하다. 골짝의 지형 따라 구불구불, 오르락내리락하니 그런대로 스릴도 맛본다.

    기차도 아니고 자동차도 아닌 것이
    외줄 레일 위에서 자율 주행하거니
    골짝을 오르내려도 편하기 그지없네
                           - 「모노레일 타고」

금년 5월에 준공되어 널리 알려지지는 않았으나 강화도의 명물이 새로 생겼다.

강화도를 홍보하자는 것이 아니다. '대부광산 퇴적암층'을 살려보자는 뜻의 고언(苦言)일 뿐이다. 백문이 불여일견이라 했던가. 관광 업무 담당자들은 한번 가보고 참고했으면 한다. 지리적 여건은 안산이 훨씬 좋고 아름다운 관광자원도 풍부하니, 생각만 바꾸면 전국에서 많은 관광객이 찾아오지 않을까 싶다.

『수필문학』 2023년 12월호

세월의 무게 앞에

 나는 한평생 어지간히 산을 즐긴 셈이다. 1960년대이었으니 그때는 산을 타는 사람은 드물었다. 대학원을 나오자 30대 초반에 운 좋게 이화여자대학교 전임강사 발령을 받았다. 젊은 교수란 이유로 등산부 모임의 지도교수를 떠맡게 되어 산을 오르기 시작했다. 그 덕에 등산의 맛을 알게 되고, 국내의 산들을 두루 찾아다녔다.
 정년퇴직을 하자 일본 대학에서 10년의 교수 생활을 하는 바람에 해외로 눈을 돌렸다. 방학 때만 집중강의를 하니, 학기 중에는 해외여행을 마음껏 즐길 수 있었고, 오지나 힘로를 즐겨 찾아다녔다.
 고희 기념으로 나섰던 백두산 등정을 잊을 수가 없다. 백두산의 관문 이도백하(二道白河)에서 자고 아침 일찍부터 서둘렀다. 까마득한 돌계단을 올라 천지를 보고, 이어서 외륜봉을 종주하게 된다.

조·중국경표지석으로부터 청석봉을 돌아 백운봉, 녹명봉, 차일봉을 거쳐 소천지(小天池) 옆으로 내려오는 장장 12시간의 산행이다. 얼마나 지쳤던지 저녁도 못 먹었던 기억이 새롭다.

산행에서 과욕은 금물이란 교훈을 얻었지만 또 한 번의 실수를 떠올리지 않을 수 없다. '이철구여행'의 메일을 열어보다 수령 7,200년의 조몬스기(繩文杉)를 만나 본다는 바람에 '팔순기념 산행'이란 명분을 부쳐 따라나섰다.

장수(長壽)의 신목(神木)이라고 하는 그 나무는 일본 가고시마현의 남쪽 야쿠시마(屋久島)에 있다. 새벽 5시에 출발하여 해발 1,400미터의 산꼭대기까지 왕복 20여 킬로의 무리한 도전이었으니 지금 생각하면 꿈만 같은 추억이다.

며칠 전에 제주도 관광을 가자는 '이철구여행'의 메일이 또 날아들었다. 그러나 이제는 자숙해야 하겠기에 아쉽지만 포기하기로 했다. 미수를 넘기면서 체력이 현저하게 떨어졌으니 세월 앞에 장사 없다고 했던가. 코로나 역병 때문에 갈 곳을 갈 수도 없지만, 이제는 다리에 힘이 빠져 멀리 걷지를 못하니 어쩌랴.

몇 해 전에 제주도로 가족 나들이를 갔을 때 '곶자왈' 숲에서 칡덩굴과 등나무가 엉겨서 올라간 것을 보고 지은 시조나 되새겨보며, 지난날의 추억으로 대신하기로 하자.

다른 나무 타고 올라 햇볕 맞는 갈(葛)과 등(藤)
우파 갈은 오른돌이 좌파 등은 왼돌이
서로가 배려를 해야 갈등도 해소하리
- 「칡덩굴과 등나무」

쇼핑 난민

 코로나로 왕래를 못 하다가 오래간만에 금성사를 들렀다. 여주시 연라리에 있는 유일한 잡화 상점이다. 움직이기도 조심스러울 정도로 많은 상품이 가득 찬 가게였는데 실내가 넓어진 느낌이다. 사연인즉 점포를 정리하고 있다지 않은가. 동리에 젊은 애들이 없어서 장사가 안되기도 하고, 며느리가 딸 쌍둥이를 낳아서 아기 돌보기에 정신이 없다고 한다.
 문득 일본에서 '쇼핑난민'이 생겼다는 뉴스가 떠오른다. 시골 농촌에는 인구가 줄어 빈집이 생기고 상점들도 폐업을 하는 상황이다. 빈집도 생기고 상점도 없어지니 주민들이 생활용품을 구하기가 어렵게 되었다. 그래서 어려움에 처한 난민을 도우려고 등장한 것이 이동하는 상점이다. 짐차에 생활용품을 차려놓은 상점이 주민을 찾아다니며 물건을 파는 수밖에 도리가 없다. 결코 남의 일이 아니다. 일본에서 벌어지는 일은 곧 우리나라에 옮겨오니 말이다.

우리나라도 시골에 가면 빈집이 늘어나고, 학생이 없어서 폐교가 생긴다. 1인 입학 1인 졸업의 뉴스가 뜨기도 하니 서글프고 걱정스럽다. 서울에서조차 광진구에서 화양초등학교가 폐교가 되었고, 올해 초등교사 임용시험 합격자 114명은 전원이 발령을 받지 못하고 대기 상태라고 하니 심각한 문제가 아닌가.

쇼핑난민에 더해서 교육난민까지 생겨 '이동학교'에 '출장지도 선생'까지 생기는 진풍경이 닥쳐올 것인가. 노령인구는 늘어나는데 젊은 사람의 수는 줄어드니 몇십 년 후에는 나라가 어찌되겠는가.

인구는 곧 국력이다. 남녀 두 사람이 두 자녀를 낳아도 국력의 유지는 어렵기 마련인데, 근래에 와서는 젊은이들이 결혼을 안 하고 나 홀로 살기를 즐기니 어찌하랴. 5, 60년 전만 해도 먹고살기가 어려워 '아들 딸 구별 말고 하나만 낳자'고 외쳤었는데, 경제가 급속히 발전하고 가족 개념이 희박해지니 젊은이들이 홀로 살기를 즐기지 않는가. 결혼은 필수가 아니라 선택이라나?

나는 6남매의 외아들로 자라나 귀여움을 독차지했지만, 형제가 없어 외롭기도 했다. 그래서 될수록 많이 낳자고 한 것이 3

남 1녀를 거느리게 되었다. 그래도 장남은 딸만 둘, 두 아들딸은 60을 바라보는데 독신 생활이고, 막내아들이 겨우 아들 하나를 낳아 놓고 교육비 걱정을 한다.

사교육비가 많이 들고 경쟁이 치열하니 경제문제가 결혼문제로 연관되어 제약이 되는 것도 현실이다. 정부가 저출산 대책으로 출산장려금이나 교육비 지원 등 돈을 쏟아붓는다 해도 그것만으로 쉽게 해결될 수는 없을 것이다. 그렇다고 지금의 현상을 내버려 둘 수도 없지 않은가. 국가가 좀 더 광범하게 대비책을 강구하는 일이 시급하다고 생각된다.

(2023. 3. 14)

낯선 곳으로

산 넘고 물 건너며 홀로 걷던 나그네길
검붉은 서녘 하늘 갈 길은 구만리라
돌아설 고향이 있어 발걸음은 가벼워

겨울 나그네의 몸부림

 나는 늦마에 문단을 두드린 어설픈 늦깎이 작가다. 고희를 훨씬 넘긴 저물녘에 첫 작품을 내었으니 일찍 등단한 선배님들보다 더 열심히 글공부를 해야겠다고 발버둥을 쳤다. 찾아보니 그동안 200여 편의 수필을 썼으나, 하나같이 신통치 않은 글들이다. 그나마 여기저기 흩어져 있으니 몇 편이라도 골라서 한데 묶어놓고 싶은 욕심이 생기니 어쩌랴.

 구순의 산마루를 숨 가쁘게 오르는 겨울 나그네(『나그네의 가을걷이』 서문에서)가 더 늦기 전에 가을걷이를 서두르자고 설익은 작품들을 또 엮어 보았다. 마음을 비우려 하지만 비우지 못하는 범부의 탄식이요 몸부림이다.
 그래도 애정 어린 눈으로 보아주고, 거리낌 없는 비판과 편

달을 보내 주시는 독자들이 있어 큰 힘을 받는다. 나는 더없는 기쁨을 맛보며, 그 고마운 사연들을 잊을 수가 없다. 거듭 깊은 감사의 뜻을 드리며, M 문우의 고마운 사연을 올려 내 글의 마무리에 대신하고자 한다.

가을걷이를 서두르는 겨울 나그네님에게

먼저 축하드립니다. 놀랍다는 말보다 이젠 당연하다고 하렵니다. 남기셔야죠, 그러나 몸부림이라고는 하지 마세요. 이만큼 오다 보니 산자락이 보이고 맑은 산봉우리가 떠억 버티고 있어 거기까지는 가보는 게 좋을 것 같다는 생각이면 어떨까요. 여유로운 자세로.

남들보다 발걸음 옮긴 곳 많고 법학을 하신 분으로 남긴 업적 묻어두고 가는 것도 후손이나 후배들에게도 인색한 일일 것이며, 듣고 보고 읽고 사유한 것들이 쌓여 있어 문자로 옮기니 시인이 되고 수필가가 되고 작가가 되어버린 것을, 모으다 보니 파도에 바람이 넘실거리듯 흘러나온 걸 어찌 그냥 두고 갈 수가 있겠습니까. 법학도의 외도도 아니며 늦깎이의 몸부림은 더더욱 아닙니다.

곁에 좋은 분들 많아 인연 맺어 보람 있는 시간들 가졌으니 함께 했던 때를 더듬으며 즐거운 시간 회억하게 남기는 것이 무슨 그리 큰 욕심일까요. 우선 으뜸인 수신제가를 이루신 분이기에 여러 가지가 다 가능하지 않았을까 싶어 무엇보다 부럽습니다.

　오손도손 한 일상을 중히 여기지 않으면 모든 게 허황된 일이라 생각하기 때문입니다.

　安分知足이란 말이 있지만 저는 그 이상의 것을 욕심내지 말라는 것으로 받아들이지 않습니다. '감사'하며 그것을 나누는 행위가 바른 것이 아닐까 생각합니다.

　이 말의 유래는 왕의 자리를 주어도 마다한 경우지만. 그러니 정진함은 욕심이라는 말로 표현하고 싶지 않습니다. 저는 선생님의 저물녘 희망과 포부가 이루어지기를 바라며 응원합니다. 다만 건강하시기를 빌겠습니다. 장하신 선생님, 영웅이 따로 없네요.

　『나그네의 가을걷이』 출간을 축하드리며.

　　　　　　　　2021. 9. 10 미명으로 가는 시간에　문육자 드림

강화도 화개정원

 기다리던 소식이 날아들었다. 6·25참전유공자회에서 가는 전적지 순례 행사다. 강화도 화개정원이 목적지다.

 회원들에게 분배해 드릴 『별들의 사랑방』 15권을 짊어지고 가자니 너무도 힘에 겨워 막내아들을 불러내어 9시 출발 시간에 대어 갈 수가 있었다.

 강화도는 여러 번 가본 명승지다. 강화도만큼 역사적인 사연이 많이 얽혀있는 비운의 섬이 또 있을까. 강화역사박물관, 전쟁박물관까지 있으나, 이번 나들이 일정에는 빠졌다.

 11시에 예약이 되어 있어서 직접 화개정원 앞마당으로 직행을 했다. 금년 5월에 준공되어서 아직 널리 알려지지 않은 탓일까, 입장객이 붐비지는 않아 편하게 참관할 수 있었다.

 강화도에 화개산이 우뚝 솟아 있는데, 그 봉우리와 올라가는 골짝을 모두 하나의 정원으로 꾸몄으니 기발한 발상이 아닌가 싶다.

밑에서 올려다볼 때는 높이 솟은 시설물이 군사용 시설인가 했는데 올라가 보니 전망대가 아닌가. 전망대까지는 모노레일이 설치되어 있어 걸음이 불편한 노약자도 편히 오를 수 있다. 모노레일이야말로 화개정원의 명물이 아닌가.

케이블카는 여러 곳에 있고, 빠른 속도로 이동하니 자세히 내려다볼 수도 없다. 때로는 고장이 나서 공중에 몇 시간이나 매달려 마음을 졸였다는 기사도 본 적이 있다.

특히 인상적인 것은 모노레일 옆으로는 정원을 만들어 놓았으니, 산책로도 있고 가족 놀이터도 수없이 많다.

전망대에 올라가면 유리 바닥으로 발밑의 산들을 내려다볼 수 있고, 고개를 들면 바다 건너로 북한의 산야가 잡힐 듯 보인다. 물이 빠질 때는 진흙 뻘밭을 걸어서 건너올 수도 있다니, 분단의 아픔을 실감한다. 회원 중의 한 분은 물 건너에 살았었다고 하니 그 감회가 새로우리라.

아쉬움이 남는다면 날씨다. 날씨가 아침부터 흐리더니, 빗방울이 날리지 않은 것은 다행스러웠으나 전망이 밝지를 않고 사진을 찍기에는 좋지 않았다. 누가 제안을 했는지, 내년에도 화창한 봄철에 다시 오자고 했다. 다시 온다 해도 건강이 유지되어야 하니, 불과 몇 달이지만 모든 회원이 건강관리를 잘해 주기 바란다는 지회장님의 당부 말씀에 오늘의 아쉬움을 달랬다.

사월애 나들이

　동인들이 처음으로 1박 2일의 가을 나들이를 태안으로 떠났다. 며칠 후 사진 두 장을 메일로 보내왔다. 하나는 몽산포해변의 해넘이 사진이다. 서초휴양소에 짐을 풀고 낙조를 놓칠세라 서둘러 바닷가로 나갔는데, 날씨가 흐려 써늘했지만 오히려 아름다운 추억거리를 얻은 셈이다. 하늘을 뒤덮은 구름 사이로 쏟아지는 햇빛을 바라보며 모래사장을 거니는 모습들이다. 화면을 어둡게 처리해서 더욱 사실감이 난다.
　또 한 장의 사진이 즐거운 밤을 떠올리며 가슴을 부풀린다. 그날 저녁 남자들은 네 사람이 한 방에, 여인들은 두 방에 나뉘어 자리를 잡았다. 잠깐 쉬었을까, 옆방으로 모두 건너오라는 전갈이다. 그동안 쓴 작품의 합평을 하자는 줄 알고 들어서니, 웬걸, 분위기가 황홀하지 않은가. 이벤트의 달인답게 하리(下里)

댁이 예고도 없이 연출한 깜짝쇼다.

식탁 가득 과일 접시와 술잔이 놓이고 크고 작은 여남은 개의 촛불이 들쭉날쭉 솟아 타오르며 축하의 열기를 뿜어댄다. 한가운데 세워놓은 책의 표지에는 '겨울나무 그 뿌리처럼'이란 글씨가 춤을 춘다. 저자 일죽(一竹) 님을 한복판에 앉히고 손뼉을 쳐댄다. "축하합니다. 축하합니다…" 며칠 전 출간한 수필집의 출판기념 파티로 합평을 시작하기 전에 잔치를 벌였으니, 모두 기껍게 잔을 비웠다. 모처럼 맞는 가을밤의 훈훈한 정경이다.

다음 날 아침을 마치자 서둘러 방을 비웠다. 서울로 돌아가는 길에 들를 곳을 의논하다 서산 부석사로 의견이 모아졌다. 영주에도 태백산 부석사가 있다. 그 절이 규모도 크고, 널리 알려져 있다. 그러나 서산의 부석사는 소박한 시골 아낙 같은 모습이다. 어딘가 허술한 듯해 보이나 그 분위기는 훨씬 더 마음에 와닿는다. 눈이 오면 꼭 한 번 다시 와서 며칠 묵어가고 싶은 산사이다.

부석사 가는 길은 도비산을 굽이돌아 비탈을 오른다. 마침 단풍이 절정이라 늦가을의 정취를 만끽할 수 있었다. 다행히 차가 절의 앞뜰까지 오를 수 있었다. 우리 차는 주차장에 두고 돌계단을 걸어 빗속을 올랐다.

양쪽 기둥 옆에 큰 사자가 버티고 선 사자문을 지나면 돌을 차곡차곡 쌓아놓은 듯한 계단이 높다랗게 보인다. 바닥에 깔린 큼직한 자연석들을 내려다보는 순간 그만 마음을 빼앗기고 말았다. 투박하지만 듬직해서 한 발 한 발 옮길 때마다 몸은 무겁게 올라도 마음은 더없이 가벼워 도리어 가라앉는다. 경내로 들어서면 차 맛이 좋기로 소문난 '도비산 다원'이 기다린다. 찻집 옆으로 바싹 붙여 지은 누각이 이름도 아름다운 '운거루(雲居樓)'다. 쪽 곧은 기둥으로 덩그러니 떠받친 누각이야말로 구름에 떠 있는 듯하다. 아름답고 멋이 있어 걸음을 멈추지 않을 수 없다. 이 누각에서 내려다보는 시원함이라니. 넓은 들판이 까마득 발아래로 깔리고, 천수만이 멀리 가물거리니 온갖 시름이 다 잊어진다.

축대를 쌓은 돌들이 모두 큼직큼직한 자연석들이라 눈길이 끌린다. 뿐 아니라 구석구석 자리를 잡은 느티나무와 소나무들도 모두 아름드리니 낡은 사찰의 숨겨진 사연들을 풀어 놓을 듯하다.

일찍 서울로 올라가자고 서둘렀건만, 산 입구 외진 곳에 자리 잡은 '도비산가든'에서 점심을 하기로 했다. 일죽 선생이 기어이 이 집에서 책 턱을 내고 싶다니 어찌하랴. 뚝배기보다 장맛이라 했던가. 집은 허술해 보였지만, 굴밥은 감칠맛이다. 굴뿐 아니라 은행이며 버섯, 채소 등이 섞인 비빔밥인데 그 양마저 푸짐했다. 이번 나들이 중 가장 맛있는 식사로 대미를 장식한 셈이다. 그냥 지나쳤으면 후회할 뻔했다.

겨울 나그네의 가을걷이

코로나 역병을 견뎌내느라 몇 달 동안 집 밖 나들이를 못 하였거늘 세월은 속절없이 흘러가 가을이 깊어졌다. 인근 공원의 거목들이 붉게 물드나 했더니 윗가지로부터 한 잎 두 잎 떨어지고 있다. 새봄을 꿈꾸며 겨울에 대비하는 나무의 지혜이다. 바람에 날리는 가랑잎들을 볼 때마다 나도 '겨울 나그네' 신세이니 미리미리 갈 준비를 해야겠다는 생각을 하게 된다.

간소한 가족장

어제는 가까운 곳에 바람이라도 쏘이러 가자는 막내아들의 제안에 고맙다고 따라나섰다. 양지를 지나 이천시에 들어섰는데 얼마 안 가 도로를 벗어나자 바로 목적지에 들어섰다. 『EDEN PARADISE』란 책자를 보고 찾아왔다는데 기독교 재단이 운영

하는 공원묘지(납골당)였다.

　외국의 장례문화를 두루 살펴서 고안한 시설이니 철학과 신앙이 담긴 공원이고 쾌적한 치유의 쉼터가 아닌가. 아늑한 산골에 입구부터 오밀조밀 꾸며진 공원의 전경이 내 시선을 끈다. 묘지는 보이지도 않고, 온갖 편의시설을 모아놓은 리조트를 찾아온 느낌이다.

　회원 각자가 구매한 봉안단이 삼면의 벽에 가득 설치되어 있다. 밝은색에 채광도 잘되는 공간이니 음울한 분위기는 전혀 느끼지 못한다. 봉안단 안에는 유골함과 사진이나 삶의 기록물까지 비치할 수 있으니 추억을 되살릴 수 있는 추모의 공간이다.

　흙에 유골을 매장하는 자연장도 하거니와 흐르는 물에 녹아든 골분이 넓은 정원 곳곳으로 스며들게 마련한 유수식(流水式) 자연장도 있으니 독보적 시설이라 자랑할 만도 하다.

　산기슭으로는 숙박시설이 있어 며칠이고 쉬어갈 수도 있으니 쾌적한 휴식처이기도 하다. 여름 성수기에는 마땅한 피서지를 찾아가기도 어려운데, 이 '에덴 낙원'으로 와서 쉬면 좋겠다. 내가 10년 만 이 시설을 활용할 수 있다면 즉시 회원권을 사고 싶은 충동마저 생기나 지금의 내 처지로는 자신이 없으니 어쩌랴.

　내가 사후에 국군묘지에 묻히기를 포기한 지는 오래됐다. 그러나 화장을 할까 말까 망설여왔는데, 오늘에야 화장을 하기로 결심을 하게 됐다. 그리고 가업리 이 씨 종중 묘역에 묻히기로 마음을 굳혔다.

종중 묘역의 표지 시비

몇 해 전 연라리의 종중 소유 산에 가업리 이씨 종중 묘역을 설치했다. 지형이 좋지 않아 몇 층의 계단을 만들었고, 층마다 여러 기의 묘를 안치할 수 있다. 종중에서 벌초를 비롯해 묘역 관리를 공동으로 하고, 관리의 편의를 도모하여 사각의 평분묘로 하되, 사망 순서대로 위에서 아래로 안치하기로 정해 놓았다.

나의 아버지는 생전에 산을 사서 당신이 묻힐 가묘까지 마련하여 나에게 넘겨주셨다. 나는 그 산을 네 자녀에게 물려주긴 했지만, 세월이 갈수록 묘역 관리가 쉽지 않을 뿐만 아니라, 그 산을 개발하여 부가가치를 높이는 것도 내 도리라는 생각이 들어 종중 묘역으로 이장을 하였다. 그러나 고인의 뜻이 일대도 못 넘기고 망각된 꼴이 되었으니 한편 마음이 아팠다. 그래서 시비를 종중 묘역의 입구에 세워 묘역의 품격이라도 높이기로 했다.

임진년 윤삼월에 좋은 날짜 골라서
　　배산임수 찾아오니 선경인 양 흐뭇해
　　만대에 번영할 터는 이곳이 분명하네

　　종중이 뜻 모아 정성 들여 차린 터에
　　높은 당집 모셔놓고 차례를 드리오니
　　후손들 보살피시며 평안히 잠드소서

영락재의 꿈

　나의 한평생을 한눈에 훑어볼 수 있게 내가 평생 써낸 저작물이나 기념품 등을 한자리에 모아 오래도록 보전했으면 하는 욕망은 해를 거듭할수록 절실해진다. 임시방편으로 여내울 농장 안에 송암관(松巖館) 간판을 걸어보았으나 여건상 그 양성화가 어렵다.

　　솔이 박힌 언덕엔 정자가 오뚝하고
　　바위에 터를 잡은 농막마저 서늘하니
　　솔과 돌 함께 어울려 천만년은 푸르리

　가업리 종중의 모임에 갈 때마다 임시로 갖다 놓은 콘테이너 안에서 복작대는 것이 불편하기도 하고, 번듯한 사당 하나 갖추지 못한 우리들의 처지가 대외적으로는 부끄럽기도 했다. 다른 재산을 정리하여서라도 번듯한 사당을 마련하는 것이 후손들의 할 일이 아닌가 생각도 해본다. 사당을 신축한다면 그 뜻 있는 공사에 나라도 흔쾌히 기여하고 싶은 심정이다.

새로운 사당의 꿈을 꾸며 영락재(永樂齋)란 이름부터 지어보았다. 사당을 종중에서 마련할 때까지는 나의 서고 이름으로 사용하고, 사당이 건립되면 일층에 영락재 현판을 달고 이층에는 송암관 현판을 걸었으면 얼마나 좋을까.

  북성산 남녘 자락 여내울의 푸른 뜰
  글방에 모여들고 숭조돈종(崇祖敦宗) 뜻 모으니
  온 집안 웃음꽃 넘쳐 길이길이 빛나리

언젠가 내 기념관의 운을 떼어보니 자식들의 생각은 너무도 달라서 체념하고, 나 혼자 할 수 있는 방법으로 『해암문학관』을 발간했다. 마침 코로나19의 만연으로 모임이 모두 연기되는 바람에 아직까지 배부도 못하고 쌓아놓은 형편이 아닌가. 에덴낙원에서 고인들의 사진이나 어록들이 영상화되어 누구나 쉽게 찾아볼 수 있는 시설을 보니 부럽기 이를 데 없었다. 송암관의 꿈이 되살아난다.

욕심을 버리라 하지만 마음을 비운다는 것이 나 같은 범부에게는 쉬운 일이 아니다. 내 삶의 발자취를 한눈에 돌아볼 수 있는 송암관이 마련되어 길이길이 보전되었으면 하는 것이 겨울 나그네의 소원이다.

공수래공수거(空手來空手去)라면 할 말은 없지만 아쉬움은 남는다. 내 삶의 가을걷이를 얼마나 알뜰하게 할 수 있을지 마음만 조급해 온다.

(2020. 11. 22.)

수필을 찍어 낸다면

세상이 너무 빨리 변한다. 따라가기가 버겁다. 핸드폰 하나만 손에 들면 만사가 해결되는 판이니…. 그러니 이 편한 문명의 이기를 능숙하게 쓰지 못한다면 살아가는데 뒤처질 수밖에 없다.

교직에 있을 때는 입으로 지시만 하면 척척 해결이 되었으니 컴퓨터를 몰라도 불편을 몰랐는데, 정년퇴직을 하고 나니 도리가 없었다. "에이, 학장님도…. 조교에게 시키지 뭘 배운다고 하세요." 하며 만류했던 후배 교수를 원망하며 그 마법의 기기를 배우느라 고생하던 생각이 떠오른다.

80까지 움직이다 88에 죽으면 여한이 없겠노라 학생들 앞에서 공언을 했는데 그 미수가 코앞에 다가왔다. 9988의 욕심이 슬그머니 기어 나온다. 해서 오늘도 핸드폰을 배우러 무거운

다리를 끌고 'S 디지털 프라자'를 다녀왔다.

오늘 아침 신문을 보니, AI(인공지능)가 발달해서 일기예보처럼 내일의 주가를 미리 보게 될 것이란다. 그 기사가 아날로그 늙은이를 또 한 번 놀라고 실망하게 한다. 큰 나라들은 달 착륙도 모자라 우주정복을 한다고 경쟁을 하며, 한편으로는 AI란 놈을 활용해 질병의 진단과 처방까지 하고, 로버트를 만들어 온갖 궂은일과 위험한 일까지 맡겨서 생활혁명이 벌어지고 있지 않은가.

삼사 년 전에 '알파고'란 바둑 프로그램이 개발되어 세계를 제패한 바둑왕과 싸워 이기고 지고 한 일이 있었다. AI란 놈이 그렇게도 영악하다면 잘 쓴 수필들을 모아주고, 그 데이터를 분석해서 주제에 맞는 명수필을 써내라고 주문할 수는 없을까 하는 엉뚱한 생각도 해본다. 그러면 나도 원고청탁을 받고 며칠을 몸부림치지 않아도 될 텐데….

아니다. 내가 당장은 좋을지 모르지만 기라성 같은 우리나라 문인들의 처지는 어찌 될까, 걱정 아닌 걱정이 앞선다. AI가 진화를 거듭한다 한들 감성의 세계까지 넘볼 수는 없을 것이고, 나 자신도 허용할 리 없지 않은가. 객관적인 데이터를 처리하는 연산 기능이 아무리 고도화하더라도 사람의 가슴속에서 일어나는 감성의 분위기와 머릿속에서 창안해내는 상상의 영역까지 범접할 수는 없을 것이다. 내 영혼의 정체성이 부정되는 꼴이니 말이다.

나는 최첨단기술로도 모방하거나 따라올 수 없는 아날로그 수필가이노라. 그래도 AI, 네놈에게 질세라 마음을 다시 가다듬고 신발 끈을 조여 주마.

(2021. 5. 17.)

경강선을 타고

 설날이 또 다가왔다. 열차표가 동이 났단다. 고속도로가 꽉 막히고, 밤새워 차를 몰아야 한다는 뉴스가 마음을 설레게 한다. 고향집을 찾는 끈끈한 사랑을 느끼며 가슴을 함께 부풀린다. 젊어서 서울로 올라온 나는 이제는 찾아갈 집도 없고, 거꾸로 올라와 주실 부모님도 안 계시니 지난 일만 되새겨볼 뿐이다.
 고향이 가까우니 언제든지 찾을 수는 있지만 바쁜 일에 매여 자주 들르지를 못했다. 명절 때 성묘마저도 포기한 지 오래되었다. 세곡동 네거리까지 나갔다가 하도 막혀 되돌아오기를 두어 번 한 후로는 성묘를 안 가는 버릇이 굳어져 버렸다. 그런데 언제부터인가 외로울 때면 고향 생각을 하게 되었다.
 뛰놀던 뒷동산이며 마을을 둘러싼 소나무 둑이 생생하게 되살아난다. 그 둑을 벗어 나오면 넓은 개울이 흘렀고, 그 개울을 건너면 수여선 철로가 가로막고 있었다. 개울가에서 놀다 연기를 뿜어내며 '칙칙폭폭' 기차가 가까이 오면 경주라도 하려는지 건널목까지 달려가 손을 흔들어 댔다. 그 추억 어린 철마도 자동차와의 경쟁에 밀려나 자취를 감춘 지 오래고, 그 협궤철로는 자동차 도로로 변신하고 말았다.

목탄자동차로 한나절이 걸리던 한양 길 이백 리가 고속도로까지 뚫려 한 시간대로 가까워졌다. 남한강가의 작은 전원도시 여주는 시로 승격을 했고, 내 고향 갑동도 중앙동 '가업리'로 자리가 바뀌었다. 영동고속, 제2영동고속, 중부고속도로까지 뚫리고, 여주IC를 비롯해 나들목만도 다섯 개나 개설되었다. 반도의 중심부에서 사통팔달이니 물류와 교통의 요충으로 발전했다.

금년에는 드디어 경강선까지 개통되었다. 한 시간이면 편히 갈 수 있으니 답답하면 고향 하늘을 찾을 수가 있다. 양재동에서는 구파발이나 우이동 가기보다도 쉬워졌으니 크나큰 축복이 아닌가. 부푼 철마의 꿈을 노래해본다.

    말이 끄는 수레 타고 넘나들던 한양 길
    경강선 거침없어 동서를 꿰뚫으려
    철마는 큰 꿈을 안고 번개같이 달리네

어둡던 여강 하늘 희망으로 부풀고
인적 드문 산골마저 활기가 넘쳐나니
세종 님 지척에 모셔 오며 가며 받드네

전철마저 개통되었으니 늙마에 전원생활을 즐겼으면 좋겠다는 생각이 들었다. 처사(處士)의 표본이라는 남명(南冥) 조식(曺植) 선생은 노후에 산청에 내려와 산천재(山天齋)를 짓고 청빈한 선비의 생활을 즐겼다. 어찌 내가 그 흉내를 낼 수 있을까만, 그리운 고향으로 찾아들어 건강을 챙기며 유유자적 여유로운 나날을 보내고 싶었다.

지난봄이다. 감기에 걸려 기침이 심해지고, 호흡기내과의 정기검진 기간이 단축되자 겁이 털컥 났다. 그만큼 전원생활의 꿈은 절실해졌다. 급한 마음에 딸이 작은 집터를 마련했다. 온 식구가 나름대로 설계를 한다. 나는 '송암과 자향의 오두막'이라고 옥호부터 지어놓았다.

그러나 날이 갈수록 걱정이 앞서니 어쩌랴. 딸은 시골에 혼자 내려가 살기 무섭다 하고, 엄마는 팔다리가 점점 무거워지니 귀촌이 어렵다 하고, 아들은 병원이 가까운 서울이 안전하다고 걱정을 한다. 머릿속의 꿈과 현실생활의 괴리를 실감하게 된다. 출발이 성급했으면 빨리 체념하는 것이 현명한 판단이라는 결론이 아닌가. 전원의 꿈은 새봄이 오기도 전에 일장춘몽으로 끝났으니….

　마음을 비우고, 고향이 생각날 때면 가볍게 발길을 옮기자. 오늘도 경강선을 타고 창밖을 내다보면서 이런저런 생각에 잠긴다. 경강선을 몇 번이나 더 탈 수 있을까.

(2016. 8.)

3

인연의 메아리

내 인생을 바꿔놓은 두 사람

빈손으로 왔다 빈손으로 가는 인생, 그 곡절 많은 인생의 물길은 아무도 모른다. 망백의 산마루에 올라 지나온 발자취를 되돌아보자니 감회가 새롭다. 그런데 그 물줄기를 바꾸는 데 결정적인 역할을 한 사람을 든다면, 김일성과 박길준이다.

김일성 때문에

1950년 6월 25일 새벽에 김일성은 소련제 탱크를 몰고 남침을 감행했다. 나는 그 소식을 교회에 나갔다 들었고, 불길한 예감에 기도실로 들어가 눈물을 흘리며 "전능하신 주님, 어린양을 보살펴주소서." 하고 애원을 했다.

그때 나는 중학교 5학년이었는데, 감리교신학대학을 다니는 이종사촌형에 반해서, 나도 신학대학을 가서 장차 목사가 되겠다던 꿈 많은 소년이었다.

 그러나 1·4후퇴 때 제2국민병으로 징집되어 경산까지 다리를 절뚝이며 강행군을 해야 했다. 도중에 가장 중요한 생활용품인 숟가락을 잃어버렸다. 도리 없이 어느 집 부엌에서 밥을 얻어먹고 숟가락을 훔치고 말았다. 10계명을 파계한 첫 사건이다. 그것이 양심의 가책이 되어 조금씩 타락해 가다 교회를 버리는 데까지 이르고 말았다.

 내가 죽어서 심판을 받는다면 지옥으로 떨어질까? 아니다. 나는 당당한 6·25 참전유공자가 아닌가. 6·25 호국영웅들이 '다부동' 전투에서 목숨 걸고 버텨 대구와 부산을 지켜내지 못했더라면 지금쯤 김정은의 폭정 하에 교회도 자유도 사라졌을지 모른다. 다행히도 나는 하느님의 교회와 이 나라의 자유를 지켜낸 1등 공신의 대열에 끼어 있으니 지옥행 판정은 면하리라 확신한다.

박길준 때문에

 박길준 교수는 나의 대학 후배이지만 내 인생의 선배이다. 문교부가 각 대학에서 한 명씩 외국에 1년간 유학비를 지원해 주던 시절이다. 박 교수는 콜롬비아대학에 일 년 먼저 갔고, 다음 해에 지원금을 받게 된 나에게 길라잡이가 되어 준 셈이었다. 또다시 외국에 나가기가 어려울 것이니, 사전에 구라파 여러 나라에서 자료 수집을 하겠다고 문교부의 사전 승인을 받아오라고 권해 주었다. 그 덕에 나는 귀국하기 전에 런던에서 출발하는 코스모스관광단에 끼어 유럽 일주 여행을 했다.

벨지움의 어느 호텔이었다. 각자 아침 식사로 빵 한 쪽을 얻어먹고 출발시간에 맞춰 버스에 올라타야 한다. 눈을 비비며 황급히 식당에 들어서니 창가의 식탁에서 낯선 한 신사가 손짓을 한다. 내가 일본 사람인 줄 알고 반가워 불렀던 것이다.

그는 영어는 한마디도 못하고 나는 일본말이 서투르니 답답한 노릇이다. 명함을 서로 교환했다. 아오모리에 사는 모리 리끼조(盛力三), 나보다 아홉 살 위의 기업체 회장이다. 3개월 후에는 한국에 돌아가니, 혹 서울에 들르거든 전화를 달라고 하며 작별인사를 했다.

"잠깐만, 객지에서 고생하는데 이거 여비에 보태 써요." 100불짜리 달러가 가득 든 지갑을 열더니 두 장을 꺼내 주는 게 아닌가. 정부가 송금해 주는 1천 불로 한 달 생활을 꾸려가는 처지에 이 거금을 쥐여주다니, 참으로 당혹스러웠다.

순간 머릿속에 떠오르는 한마디, '외국에서 이유 없는 호의를 베푸는 사람을 만나면 주의를 하라.' 그 당시는 출국하는 여행자는 중앙정보부에서 소양교육을 받아야 했다. 간첩의 접선을 염려해서. 순간적이나마 망설이다가 설마 하고 받았다. 아무리 상황 분석을 해 보아도 그가 공작원은 아니다.

뉴욕에 돌아와서도 쉽게 잊히지 않는다. 길에서 주운 횡재도 아니고, 그런 고마운 일이 어떻게…. 좋다고 그냥 써 버리는 것은 인간의 도리가 아닌 성싶었다. 보답을 하자. 서투른 글씨로 처음 써 본 일본어 편지다. 돌아갈 때가 되어서 내게 남은 것은 이것밖에 없다며, 일화 인삼차 한 봉지와 내가 쓴 『상법예해(상)』 한 권을 우송했다.

3년이 지난 어느 날 조선호텔에서 전화가 왔다. '모리'란 사람이 나를 찾는다고. 모시고 나와 강남에서 이름난 '삼원가든'으로 갔다. 일본 사람들이 좋아하는 불고기로 대접을 했다. 도곡동 개나리아파트가 가까우니 차는 우리 집에 가서 마시자고 제의를 했다.

거실에 진열해 놓은 여러 점의 도자기를 보여줬다. 괴산도요에서 황규동 옹이 재생한 이조백자라고 설명을 하다 보니 문득 떠올랐다. 기념으로 한 점 선물을 하자고. 기왕 선물을 할 바에는 마음에 드는 것을 골라 가지라고 제안했다.

- 졸저 「우연한 만남」 중에서

이렇게 우연히 만난 모리 회장과의 인연이 계기가 되어 나는 일본말을 배우고 편지도 잘 쓰게 되었다. 그래서 쉽게 일본의 교수들과 교류를 하게 되었고, 정년을 맞자마자 일본 나고야경제대학의 전임으로 취임하여 10년간의 화려한 2모작 인생을 즐길 수 있었다.

박길준 교수의 조언 덕에 이렇게 삶의 물줄기가 변할 줄이야 상상이나 했었던가. 지난날의 추억을 되살리며 새삼 고마운 뜻을 전한다.

상남 따라 삼천리

- 상남 시백의 미수를 맞아

 나는 고희를 넘기고 우연히 문단에 발을 들여놓은 늦깎이 수필가다. 망백의 산마루에 올라 시조까지 쓰며 황혼 길을 즐길 수 있다는 것은 크나큰 축복이다. 그 행운은 상남 시백을 만난 덕분이다. 시조의 맛을 알게 가르쳐 주신 상남 시백의 미수를 맞아 지나온 발자취를 되돌아보자니 참으로 감회가 새롭다.
 청계 화백의 권유로 『수필문학』에서 등단을 했다. 그 당시는 수필가라고는 아는 사람이 없었으니 처음 만난 수필가가 편집부의 우희정 부장이다. 친절하게 내 원고를 고쳐가며 수필 쓰기의 기틀을 잡아 준 선생이다.
 내가 한평생 써온 법률논문의 방식과는 너무도 다르지 않은가. 감성의 개입을 용납하지 않고, 어디까지나 객관적인 자료에 의거해서 각주를 달아가며 논리에 어긋남이 없이 자기주장을 펼쳐 나가야 하는데, 몸에 밴 그 틀에서 벗어나기가 쉬운 일이 아니다. 그런데 그 틀을 깨기도 전에 우 부장이 사표를 내고 새살림을 차렸으니 자연히 나도 따라갈 수밖에 없었다.

우 선생님을 찾아 새 사무실을 드나들다 보니 상남 시백을 만나게 되었다. 시를 써 보고 싶어 『시 창작의 이론과 실제』란 책을 사 보아도 시를 쓰기가 어렵다고 하니 상남 시백이 빙그레 웃으신다. 내 수필 「지팡이」를 대충 훑어보시더니 몇 마디 적어놓는다. 깜짝 놀랐다. 나는 15매를 채우느라 몇 날 밤을 지새우며 몸부림쳤는데, 몇 자 되지 않는 시가 훨씬 더 내 마음을 울리지 않는가. 언어의 마술이었다.

그때부터 시를 써보았지만 역시 쉽지 않다. 뜬구름 잡는 것 같아 손에 잡히지 않고, 어떤 시는 이해하기 어렵기도 하고, 산문인지 운문인지 구별하기조차 어려운 것도 있다고 투정을 부리니, 어느 날 시조를 써보라고 하며 시조의 틀을 일러 주신다.

3장 12구의 정형성이 부자연스럽고 까다로울 수는 있겠다. 그러나 나는 틀 속에 끼워 넣는 것은 자칭 달인이니 걱정이 없다. 활판인쇄를 하던 시대에 『상법예해』를 개정할 때마다 글자를 세어가며 집어넣었기 때문이다. 뿐만 아니라 옛 선비들이 남긴 3 4 3 4조의 시조들을 많이 배웠고, 대중이 즐겨 부르는 트로트 가요도 같은 틀의 것이 많으니 우리들의 정서에 꼭 맞는 전통적인 가락이 쉽게 느껴졌는지도 모른다. 글자의 수가 5·7·5로 엄격하게 제한되어 있는 일본의 하이구(俳句)와 비교하면 우리나라의 전통 시조가 훨씬 재미가 있고 흥겹다.

나는 시조를 쓰기 시작하면서 상남 시백을 따라 여기저기 많이도 따라다녔다. 창녕의 생태공원 우포늪, 경기도 광주 퇴촌면의 경안천 습지 생태공원, 울진의 덕구온천 등 이름난 명승지는 다 가본 셈이다. 울진의 덕구리 고개를 넘으면 배롱나무 가로수 길이 황홀한 꽃대궐을 이루니 참으로 장관이다.

외국 여행으로는 일본의 1박 3일 도깨비 여행과 북해도 노보리베쓰 온천장이 기억에 남는다.

도깨비 여행 2일째 날이다. 첫날의 피로를 풀고 산뜻한 기분으로 하라주꾸(原宿)역에 내렸다. 몇 분 안 가서 메이지신궁(明治神宮)이 보인다. 귀한 시간을 신궁 참배에 낭비할 거냐며 왼편에 있는 요요기공원(代代木公園)으로 발걸음을 옮겼다. 녹음이 우거진 왼편 광장에는 인파가 버글버글하다. 일행 중 누군가 유명한 벼룩시장 같다고 하니 호기심 많은 도깨비족이 들르지 않을 수 있겠는가. 특히 이 공원은 젊은이들의 패션으로 유명한 시부야와 하라주꾸의 중간에 자리하기 때문에 고물뿐만 아니라 유행하는 명품이나 그럴싸한 새 상품도 나와 인기가 높다고 한다.

여성 도깨비들의 눈빛이 빛날 것은 당연하다. 우 사장은 5백 엔에 독일제 윗옷을 하나 건졌다고 좋아하고, 상남 선생은 유명작가의 꽤 비싼 목각을 아낌없이 사서 역시 팀장의 안목과 격을 과시했다.

북해도 여행에서는 노보리베쓰 온천장보다도 귀로의 만세각(萬世閣) 호텔에서 지낸 하룻밤이 더 즐거웠고, 잊을 수가 없다. 돌아오기 전날 밤이었다. 노보리베쓰 온천장을 들러 오다 도야고(洞爺湖) 호반의 만세각(萬世閣)에서 쉬었다. 이 호수는 북해도 최대의 부동호(不凍湖), 호수라기보다는 바다다. 둘레가 43킬로나 되니 백두산 천지의 3배나 된다. 호수 안에 큰 섬이 4개나 들어앉아 유람선이 오가니 우리도 유람선에 몸을 싣고 한 바퀴 돌아보며 주변의 풍광을 마음껏 즐겼다.

특히 밤에는 물 건너 멀리서 깜박대는 불빛이 장관이다. 새벽잠이 없는 상남 선생과 나는 약속이나 한 듯이 함께 일어나 밤을 지새웠다. 따끈한 차를 나누며 어둠 속을 꿰뚫어 보니 호반의 눈길이 너무도 부시다. 뽀득뽀득 소리를 들으며 걷고도 싶었지만 먼동이 트기를 기다리는 수밖에 없었다.

상남 선생은 한참 생각 끝에 시상이 떠오르는지, '눈길을 밟으려다 돌아선 북녘의 밤 / 따순 차로 속 달래며 물가를 내다보니 /'라고 시조의 운을 떼며 나보고 종장을 채워보라 하신다.

갑자기 당황스럽기도 했으나 어쩌랴.

생각 끝에 '언덕 위 등불도 깨어 반갑다 눈짓하네'라고 화답을 하니 크게 만족해하셨다. 우리는 옛 선비들이 사랑방에 모여서 탁주를 나누며 시구를 주고받던 풍류의 멋을 흉내 내본 셈이다. 즐겁고 추억으로 남는 그리운 밤이다.

날이 밝자 함께 내려가 호반의 눈 덮인 하얀 길을 걸었다. 잊지 못할 추억거리를 다지며 아쉬움을 달랬다. 상큼한 새벽이었다.

돌이켜보면 상남 선생과 우희정 선생이 기회만 있으면 세상이 좁다고 명승지를 찾아 여행을 즐기는 바람에 나도 얼결에 끼어들어 호강을 한 셈이다. 그러나 이제는 다리가 무거워져서 나들이를 할 수 없는 처지이니 어쩌랴.

다행히 나는 매달 소소리사에 들러 외로움을 달랜다. 차를 잡아타고 가기만 하면 반겨주는 『문학시대』 시 동인들과 담소를 하고, 상남 선생을 모시고 시 공부도 할 수 있으니 얼마나 큰 행복인가. 김난석 회장이 이끌어가는 토크에서 젊은 동인들이 털어놓는 외국의 풍광과 소식을 듣는다. 지나간 추억을 되살리며 오늘을 즐긴다.

앞으로도 더 많은 추억거리를 남기며 백수를 향한 황혼 길의 노을을 상남 시백과 함께 즐기고 싶다면 겨울 나그네의 과욕일까?

한자(漢字) 한 자 때문에

TV를 보다 아찔한 벼랑길이 얼마나 멋이 있던지, 꼭 한 번 도전하리라 별러오던 터에 마침 여행사의 안내 광고가 날아들어 주저 없이 따라나섰다. 중국의 사천성(쓰촨성) 야안(雅安)에 있는 명산인 멍딩산(蒙頂山)에 가서 각종 명차들을 마음껏 시음하고, 말을 타고 차마고도(茶馬古道)를 올라가는 여정이었다. 다녀와서 '차마고도'란 기행수필을 썼고, 그 수필을 이번에 엮어내는 수필집 『나그네의 가을걷이』에도 다시 올려놓았다.

이미 발표했던 것을 재탕하는 것이니 교정을 보면서도 신경을 쓰지 않았다. 그런데 어쩐지 이상한 느낌이 들어 잠자리에서 벌떡 일어나 교정지를 펼쳐보는 순간 깜짝 놀랐다. 제목에 「차마고도(車馬古道)」라고 큰 글씨로 박혀 있지 않은가. 어쩌다 큰 오타가 생겼다.

문득 받침 하나 때문에 남한산성을 다시 올라가 나의 오류를 확인하고 고쳤던 일이 생각난다. 나의 미수 기념수필집을 꼼꼼히 읽어본 M 문우가 「남한산성행궁을 돌아보며」란 글 중에 나오는 '낙성재'는 '낙선재'라고 지적을 해주었다. 고맙다고 회답은 했지만 내 눈으로 확인을 안 하고는 마음이 편치 않았다. 가천대학의 서 학장 안내를 받아 낙선재를 돌아본 추억을 되살려 보며, 차마고도의 아름다웠던 풍광을 상상해본다.

멍딩산은 중국차의 시배지이며 차 생산의 적지다. 육류와 유제품이 주식이었던 티베트에서는 좋은 차가 필요했고, 협곡의 벼랑길이 많은 중국에서는 티베트의 날렵한 말을 좋아했다. 마방들이 말 등에 차를 잔뜩 싣고 가서 말과 바꿔오는 교역이 성행해서 그 옛길에 '차마고도'란 이름이 붙었으리라.

잠을 설치기는 했지만, 그 덕에 '차마고도'를 다시 한번 꼼꼼히 읽어보며, 말 잔등에 올라앉아 가슴 졸이며 벼랑길을 넘어갔던 옛 추억을 더듬어 본다. 오늘 밤이야말로 겨울 나그네가 가을걷이를 제대로 한 셈이 됐다.

  험한 골짝 첩첩이 벼랑길 수백 척에
  멍딩 명차 잔뜩 싣고 조랑말 오갔거니
  마방들 애환이 보여 이 가슴을 달구네
            -「참마고도」

문우의 고마움

얼마 전 『문학시대』 문우들의 카톡 방을 열어보고 깜짝 놀랐다. 최종월 시인이 나의 시조집 『철 따라 바람 따라』가 펼쳐진 표지 사진 옆에 시조 「들판의 건달」 전문을 싣고, 다음과 같은 사연까지 올려놓았으니.

홑적삼에 밀짚모
외발의 저 멋쟁이

참새들 떼를 짓고
노을녘이 저물면

풍년가 드높게 되어 황금 물결 넘치네

가을걷이 끝날 무렵
된서리 쌓이는데

빈 들녘 지키려나
맨주먹 거머쥐고

찬바람 몰아닥쳐도 자리 뜰 줄 모르네
- 「들판의 건달」 전문

"10월은 낑낑대다가 놓치고 지금 근무 중에 펼친 책 『계간문예』에서 이범찬 선생님의 작품이 눈에 쏘옥 들어와서 올립니다. 반가움에 단숨에 잘 읽었습니다. 한기정 선생님 글도 잘 읽었습니다."

즉시 물어보았다. 나는 『계간문예』에 투고한 적도 없고, 구독자도 아닌데 어찌된 일인지 모르겠다고 하니, 「시집 속에서 詩를 찾다」라는 문예지의 기획 특집란에 실린 것이라고 하지 않는가.

항상 시조를 쓰면서도 만족하지를 못하니, 부끄럽기도 하지만 어쩌랴. 한 편 『계간문예』지에서 고른 것이니 조금은 자부심도 생기고 자랑스럽기도 했다.

더욱 고맙고 놀라운 것은 최종월 문우의 고마운 마음씨다.

나는 『계간문예』를 구독하지 않아 못 보았다고 하니, 자기가 갖고 있는 '2023 가을호 73'을 우편으로 보내 준다고 하지 않는가. 그러면 고맙겠다고 얼결에 쾌락을 했으나, 부끄러운 생각이 앞섰다. 내 궁금증을 풀려는 욕심뿐이었지, 문우는 번거로운 우송작업을 해야 할 뿐만 아니라, 자기가 수집 보관하는 문예지에 결본이 생길 것이니 말이다. 문우를 위해 아낌없이 보내 주는 고마운 마음씨를 잊을 수가 없다.

문우들의 푸근한 분위기가 문학시대 모임이 발전하는 원동력이 되리라고 생각하니 내 마음도 편해진다.

며칠 후 기다리던 책이 배달됐다. 급히 뜯어보니, 340쪽을 보라고 붉은 쪽지까지 끼워놓았다. 그런데 표지를 보니 어디선가 본 듯한 느낌이 들지 않는가. 여기저기 쌓여 있는 책더미를 차근차근 뒤져보다 다시 한번 깜짝 놀랐다. 나에게도 발행자가 보내 준 게 아닌가. 나는 구독 권유를 하려고 홍보차 보내 준 것으로 생각하고 열어보지도 않았으니 내 경솔함을 자책할 수밖에 어쩌랴.

다음 월례모임 때는 책을 다시 가지고 가서 고마운 뜻을 전하고 양해를 구하리라.

윤기관 작가의 '북 콘서트'

청출어람(靑出於藍)이란 말이 떠오른다. 나는 늘 제자들이 나보다 더 잘되기를 바란다. 제자들이 잘되는 것을 보면 큰 보람을 느끼며 기쁨을 함께 나눠 왔다. 그러기에 오늘도 이 즐거운 자리에 참석하려고 지팡이를 짚고 물어물어 찾아 나섰다.

LeFrance(인사아트플라자 5층)에 들어서니 참석 인원 16명의 자리가 다 찼다. 두 줄로 마주보며 대화를 나누었다.

사회자가 따로 있지 않았다. 윤 작가 자신이 인사말 하면서 자기소개와 수필집 『이분이 그분인가』와 시집 『마라나타』의 내용을 자세히 설명하는 게 아닌가. 한 시간이 넘는 강의를 들은 셈이다. 좀 지루한 느낌도 들었지만 어쩌랴. 그러나 그의 생각과 하는 일을 이해하게 되었고 그 열정을 실감하며 놀라지 않을 수 없었다.

윤 작가는 부지런한 문학도인 줄만 알았더니 문학도이기 전에 화가이며 선교사이니 놀라지 않을 수 없다.

2년 전에 딸에게 수필 공부를 시키고 싶어 서경희 선배가 담당하는 '익선동 수필반'을 소개해주었다. 거기서 윤 작가를 만났다는 이야기를 듣고 '노후를 위해서도 잘 생각했구나' 하는 생각을 했다. 그런데 얼마 후에 『수필문학』에서 등단했다는 소식을 듣고 놀랐다.

지난달 국제PEN한국본부 창립70주년기념 산문선집 11호로 『이분이 그분인가』를 발간하고, 시집까지 함께 내놓았으니 참으로 놀라웠다. 나는 망백의 나이에 수필집 『설죽의 꿈』을 4호로 발간했다. 그런데, 윤 작가가 너무 빨리 쫓아와 내 설 자리가 없어지지 않을까 살짝 걱정된다. 자랑스럽기도 하고 조금 밉기도 하다고나 할까.

윤 작가는 이제 시작이니 그 열정을 쏟아부어 한국의 문학사에 큰 발자취를 남겨 주기를 당부하고 싶었다. 그 뜻을 축시 한 편 지어 합죽선에 담았다. 하나의 작품으로 만들어 윤 작가에게 전달했다.

놀라운 열정
 - 윤기관 작가의 '북 콘서트'에 부쳐

강의 듣던 그 제자 어느새 작가 되어
수필집 발간하며 11호*로 올랐거니
장하다 뛰어난 재능 따를 수가 있으랴

수필 공부하면서 운문까지 욕심내어
시집**까지 엮어 같은 날에 선보이니
그 열정 놀랍기도 해 부럽기 그지없네

  윤 작가의 담론을 듣다 보니 그의 꿈이 너무도 당돌해서 또 한 번 경탄했다. 2032년엔 『노벨문학상』을 받겠다고 한다. 그의 열정과 추진력으로 보아 그 꿈이 실현되리라 믿는다.
  나는 아무래도 그 영광스러운 상을 받는 자리에 따라갈 수 없을 것 같다. 하지만, 100세 시대라고 하니 그 기쁜 소식을 듣고 다시 축시를 지어 줄 수 있기를 기원해 본다.

(2023. 12. 4. 인사동 카페 LeFrance에서)

* 국제PEN한국본부 창립70주년기념 산문선집 11호 『이분이 그분인가』
** 시집 『마라나타』

존경합니다

 기다리던 운영위원회의 날이 돌아왔다. 6·25참전유공자회의 전우들을 만날 수 있는 날이다. 새벽부터 잠이 깨어 설레는 가슴을 안고 서초지회 사무실을 찾아들었다. 갑자기 한파가 몰아닥쳐 예복은 안 입고 '6·25참전유공자'라는 글자가 뚜렷한 청색의 유공자 모자만을 쓰고 방한복 차림으로 완전무장을 했다. 밤새 많은 눈이 내려서 일찍 출발했더니 큰길은 다 녹아서 30분이나 일찍 도착했다.
 문제는 돌아오는 길이다. 점심을 마치고 해산해서 차를 잡으려니 빈 차들도 서지 않고 스쳐만 가지 않는가. 지팡이를 짚고 짐을 들었으니 수요자 입장에서는 절실한데, 공급자 입장에서는 동작이 꾸물거려 시간이 아까운 모양이다.
 도리 없이 전철을 탔다. 고속버스터미널 역에서 3호선으로 바꿔 타러 가는데 앞쪽에서 다가오던 흰 머리의 초로 신사가 갑자기 멈춰 선다. 얼굴도 이름도 생각이 나지 않아 의아한 눈으로 바라보았다.

"존경합니다. 참전유공자님!"

"고맙습니다." 반사적으로 내뱉은 화답이다.

그 사람을 스쳐 보내고 나니 여러 가지 생각들이 떠오른다.

아차! 주소라도 물어보았더라면 최근에 발간한 『별들의 사랑방』이라도 보내 줄 수 있었는데. 서울시의 참전유공자들과 6·25를 알아주는 분들에게 배분하려고 만든 비매품 책이다.

저 신사는 참으로 용감한 분이 아닌가. 마음속에서는 고맙고 존경한다고 생각하는 사람이야 많이 있겠지만 저렇게 표현하는 사람은 처음으로 만났으니…. 나 자신도 저런 용기는 없는데. 우리 사회는 아직도 건전하구나, 희망과 힘이 솟구친다.

국가가 보내 주는 참전수당이나 여러 가지 처우보다도 "존경합니다." 하는 저 말 한마디에 자부심이 생기고, 흐뭇한 보람을 느낀다.

내가 5·18유공자가 되지 않은 것도 크나큰 축복이렷다. 나는 유공자요 하고 드러낼 수도 없고, 죽은 후에 국립묘지에는 들어갈 수도 없을 터이니 말이다.

PEN문학상 수상 소감

오늘 이 자리를 빛내 주시려고 강추위를 무릅쓰고 참석해 주신 하객 여러분, 고맙고 반갑습니다.

저는 한평생을 대학의 강단에서 보낸 상법학자입니다. 그런데 돌아가신 강석호 회장님의 배려로 늦깎이 작가로 수필문학 추천작가회의 식구가 되었고, 강병욱 대표님의 권유로 국제PEN한국본부에 발을 들여놓았습니다.

그런데 오늘 이 영광스러운 자리에서 큰 상을 받게 되니 부끄럽고 몸 둘 바를 모르겠습니다. 이 상은 늙마에 나이 탓만 하지 말고, 초심으로 돌아가 한층 더 분발하라는 채찍으로 받아들이겠습니다.

이제 신발 끈을 다시 조여 매고, 이 생명 다하도록 열심히 달리겠습니다. 고맙습니다.

글쓰기 십여 성상 영광의 큰 상*을
마음을 가다듬고 달리라는 채찍이니
열정을 쏟아 부으리 이 생명 다하도록

-「상을 받으며」

* 국제PEN한국본부 PEN문학상 수필부문
  (2023. 12. 18. 연세대 동문회관 '그랜드볼룸'에서)

심사평

이웅재

법학자의 글에는 불필요한 말이 필요 없다. 예전 유진오 선생의 글이 그랬다. 그러니까 법조항이나 판결문처럼 간결하고 요점만 두드러지게 드러난다는 말이다.

이범찬 선생은 법학자이다. 그래서 이와 같은 특성이 잘 드러난 글을 쓴다.

단행본으로 발간된 『설죽의 꿈』도 그 첫 번째 글인 「강화도 나들이」부터 그랬다. "해변가에 가서 싱싱한 회라도 맛보나 했는데 시내 한복판에 차가 멈춘다. 유명한 '풍물시장'으로 들어서는 순간 분위기가 확 바뀌었다. 젊어서 찾아와 해변가 모래사장에 주저앉아서 회를 사 먹던 생각이 문득 떠오른다." 일반인 같으면 회를 사 먹던 생각을 좀 더 구체적으로 표현할 만도 한데 그러지 않았다. 그래서 깔끔하다. 깔끔한 맛은 산뜻함을 가져다준다. 새로운 맛은 그런 것이다.

　이범찬 교수의 글은 꼭 필요한 정보만 제공하고 거기에 부수되는 느낌들은 모두 독자에게 내맡겨 버린다. 그래서 독자도 그 글 속으로 빠져들게 된다. 이 교수의 장기다. 그러한 수에도 부족하다 싶으면 시조를 인용한다. 우리나라 전통시를 적절하게 이용한 것이다.

영광의 혁대

기다리던 서초구지회의 연락이 왔다. 갑진년의 첫 모임이다. 지시대로 겨울 양복 정장에 감색 6·25모자를 쓰고 영광의 지팡이에 의지하며 달려갔다. 보훈회관 지하 1층 강당에 들어서니 정면 벽의 현수막이 회원들을 반겨준다.

2024년 정기총회 및 안보결의대회를 하는 날이다. 사회자 류재근 사무국장의 개회 선언에 이어 김봉환 지회장을 비롯해 많은 내외 귀빈들을 모시고 성황리에 마쳤다.

오후에는 3층 사무실에 올라가 운영위원회에 참석했다. 회의를 맞추고 돌아올 때는 여러 가지 자료와 새 운영위원 임명장 등이 담긴 큰 봉지를 받아왔다. 집에 돌아와 챙겨보니 영광의 혁대가 들어 있지 않은가. 고마웠다. 이제 영광의 제복에 지팡이, 허리띠까지 지급받았으니 완전한 차림새가 갖춰진 셈이다.

검정 혁대에 붙어 있는 버클이 멋있다. 빛나는 은색의 철제인데, '제복의 영웅'이란 글씨가 빛난다. 여름철에는 제복을 안 입거나 6·25모자를 쓰지 않았더라도 참전용사라는 것을 알려줄 수 있지 않겠는가. 전철에서 서 있으면, '젊은이가 버클을 보고 자리를 양보해 주겠지' 하는 기대를 해본다.

문득 김 지회장의 말이 떠오른다. 제복을 입고 식당에 갔는데, 나올 때 보니 모르는 다른 손님이 식대를 대신 지불해 주기도 했고, 어느 날은 택시를 탔는데 자기 아버지가 참전용사였다며 요금을 안 받던 경우도 있었다고 한다. 훈훈한 체험담이다. 실은 나도 언젠가 6·25모자를 쓰고 집에 돌아갈 때, 앞에서 모르는 사람이 다가와서 "존경합니다. 참전유공자님!"이라고 인사를 하고 지나가서 고마움과 자부심을 느꼈던 경험이 생각난다.

그러나 한편 가슴이 답답해지기도 하니 어쩌랴. 세월이 갈수록 6·25전쟁에 대한 인식이 흐려지고, 참전영웅들의 수는 줄어드니 어떤 대책이 시급히 마련되어야 하지 않을까 싶어서다.

첫째로는 6·25전쟁의 흔적을 남기고 젊은 세대에 대한 올바른 교육을 해야 하겠고, 둘째로는 후계자를 지정하여 '6·25참전유공자회'가 영구히 존속하도록 제도화하는 일이다. 입법을 추진한다고는 들었으나, 정쟁에 휘말려 제 기능을 다하지 못하는 우리나라의 정치적 현실이 안타까울 뿐이다.

(2024. 1. 25)

영광스러운 현창

나는 법대 11회 동기들의 모임에는 빠진 적이 없다. 그러나 총동창회에는 몇 번 참석을 하지 못했다. 몇몇 동창들의 석연치 않은 사연들도 떠오르려니와 날로 거동이 불편해지니 지팡이를 짚고 나타나기가 힘겹기도 하니 어쩌랴.

매년 총동창회 정기총회에서는 '자랑스러운 법대인'을 한 사람씩 현창(顯彰)해 왔으니 그것도 기쁘고 자랑스러운 행사로 자리잡혔다.

그동안 제11회 동기 중에서는 이회창, 이세중, 이홍구, 이대순, 김두환 동문이 자랑스러운 동문으로 뽑혀 기쁨을 나눴다.

최근에 김두환 회장이 뽑혔을 때, 나는 다음과 같은 축시를 적어 드리기도 했다.

〈헌시〉
자랑스러운 서울법대인

먼 나라 드나들며 하늘의 법 일깨우고
그 원리 밝혀낸 책 소문이 자자하니
장하다 동방의 큰 별 온 누리에 빛나리

서울법대 선후배 한자리에 모여앉아
모교 명예 드높여준 임인년의 큰 별로
그 명성 널리 퍼지니 부럽기 그지없네

그런데 김 회장으로부터 며칠 전에 연락이 왔다. 금년도의 '자랑스러운 법대인'에는 나를 후보로 추천하려고 하니, 추천 사유를 검토해 달라고 한다.

자랑스러운 서울법대인의 추천 사유
이범찬 교수는 서울대학교 법과대학과 동 대학원을 졸업한 후 대학 강단에서 한평생을 보낸 저명한 상법 학자이다. 성균관대학에서 정년퇴임을 하자마자, 일본의 나고야경제대학에 전임교수로 취임하여 만 10년간의 제2모작 인생을 보냈다.

성균관대학교 재직 중에는 20여 권의 법학 저서를 출간했고, 나고야경제대학 재직 중에는 일본어로 회사법 관련 교과서를 출간하여 양국 법제의 비교 연구를 하며, 국위를 선양하기도 했다. 나고야경제대학에서 정년퇴임을 하자, 문단에 들어가서 20여 권의 수필집과 시조집 등을 발간하면서 한국 문단사에 큰 발자국을 남기고 있다.

이 교수는 망백의 언덕에서도 문학 열정을 불태우고 있으니, 서울법대인의 자랑이기도 하며 후배 법학도의 귀감이 되리라 판단하여 '자랑스러운 법대인' 후보로 추천을 하는 바이다.

생각해 보니 기쁘고 고맙기도 한데, 한편 부끄럽기도 하고 후배들의 몫을 빼앗는 것 같아 미안한 느낌마저도 든다.

착잡한 마음을 정리하며 시조 한 편을 적어본다.

제32회 자랑스러운 서울법대인의 꿈
  － 김두환 회장의 후보 추천에 부쳐

농고 나와 법대 가자 무애(無碍) 따라 상법을
명륜골 물러나니 석류장 달아주어
고맙다 명예교수로 덤살이* 펼쳤으니

강단 생활 한평생을 책에 묻혀 맞추고
망백의 언덕길에 남은 열정 불태우니
발자국 뚜렷하다며 칭송도 자자하네

* 나고야경제대학에서 재직한 10년의 제2모작 인생

4

다시 가보고 싶은 곳

잉카문명의 불가사의
- 페루의 매력

페루의 수도 리마로

10여 일의 여독이 쌓여만 가는데, 3월 1일은 새벽 4시 기상이다. 8시 45분발 LP 462편을 타야 페루의 수도 리마로 갈 수 있기 때문이다. 바둑판같이 구획된 아르헨티나의 평원지대를 지나 험준한 안데스산맥을 넘고, 태평양 연안을 따라 북상하기를 꼭 4시간 45분 만에, 남미의 태평양 연안 중간쯤에 있는 해변 도시 리마(Lima)에 안착했다. 페루의 수도요 문화, 경제의 중심지인지라, 남미를 찾는 모든 여행객들이 모여들기 마련이다.

남극지방으로부터 북상하는 훔볼트 해류의 수온이 찬 까닭으로, 안개만 낄 뿐 비가 오지 않는 사막지대라는 것이 흠이다. 스페인 왕국의 중심도시로서 부왕(副王)이 주재하던 곳이었으니 스페인풍의 광장과 공원이 많고, 잘 정비된 전원도시이다.

대통령궁, 아르마스광장 등 시내 관광을 하였으나, 비슷비슷한 건물들이고, 가장 인상적인 곳은 황금박물관이라고도 하는 무기박물관이다. 미구엘 무히까 갈로(Miguel Mujica Gallo)의 개인 소장품이었다는데, 그 양과 다양성에 경탄하지 않을 수 없다. 대부분 도굴꾼으로부터 사들였겠지만, 그들에게 문화훈장이라도 주었어야 하지 않았을까.

　지하층에는 주로 황금제품인데, 사금을 채취하여 만들었을 18금의 제품들이다. 잉카제국 이전의 부장품, 사람의 두상, 앉은 자세의 미라, 기원전 7800년의 토기까지 있다. 잉카시대의 것이 대부분인데, 술잔, 술병, 식기로부터 목걸이, 코걸이, 허리띠, 팔찌, 옷핀 등 장신구며, 장갑, 외투, 햇빛 가리개, 금박의 벽걸이 등 다양한 제품의 정교함이 잉카문명의 수준을 짐작케 한다. 스페인 통치시대에 들어오면 치마 등 은제품이 등장한다.

　지상층으로 올라오면 세계무기박물관이 된다. 창, 칼 같은 원시적인 철제무기로부터 현대적 총포에 이르기까지 그 종류를 헤아릴 수 없다. 일본 사무라이들의 투구, 말안장 등 마구의 종류도 다양하기만 하다. 우리나라 제품으로는 금색 은장도가 유일한 것인데, 관광기념으로 산 것이라고. 하기야 그 옛날 우리나라까지 관광을 온 것만도 장하고 가상하다.

　지팡이를 몇 개 모아놓은 나로서는 각종 지팡이에 시선이 끌릴 수밖에. 처음에는 좀 이상하다 생각했으나, 자세히 보니 손잡이 밑 부분이 빠지며 뾰족한 꼬챙이 무기로 둔갑하게 만들었다. 나는 지팡이의 용도에 호신용의 비중은 거의 두지 않았었는데, 그들은 세상이 험악했던지, 만약의 사태에 대한 경계가 철저했던지 아무튼 현명했나 보다.

점심을 마치고 주변의 유적지 관광에 들어갔다. 아르마스광장에서 '산 크리스토발' 성당을 지나 언덕길을 한참 올라가면 유명한 삭사이와만(Sacsayhuaman)이 나온다. 산언덕을 중심으로 3중의 바위 성벽이 층층이 쌓여 있고, 그 성벽 아래 밖으로는 넓은 초원의 광장이 펼쳐진다. 아래층 성벽의 바위 돌은 더 큰데, 가장 큰 것은 9미터에 달하며, 모서리마다 350톤이 넘는 바위들이 놓여 지그재그로 성벽을 이루고 있다. 놀랍고 신기한 것은 가지각색 형태의 바위들이 틈새가 전혀 없이 입체적으로 맞춰져 있어서, 마치 큰 절벽에 모자이크 선을 그어놓은 것 같이 보인다. 이 요새의 용도가 무엇이었는지, 말(馬)조차 없었던 그 옛날에 어떻게 그 바위들을 운반했으며, 무 토막 썰듯 잘라서 다듬어 끼웠는지, 역사연구가들 간에도 설이 분분하나, 확실한 것은 인간의 손으로 만든 조형물이란 것이다.

잉카인의 뛰어난 건축기술과 돌을 다루는 신기는 다른 유적에서도 얼마든지 엿볼 수 있다. 삭사이와만 석조물을 지나 동쪽으로 10분쯤 가면 켄코(Qenko, 지그재그란 뜻)가 나온다. 이것은 거대한 자연의 바위를 안쪽과 바깥쪽에서 파서 제사를 지내는 종교의식에 사용한 지하 신전이다. 미로 같은 좁은 길을 따라 동굴의 안으로 들어가 보니, 살아 있는 제물의 수술대와 제단이 바위를 깎아 만들어져 있다. 원혼들이 아우성이라도 칠 것 같아서 빨리 나오고 말았다.

켄코에서 다시 북쪽으로 2킬로쯤 가서 버스가 섰다. 10여 분 올라가면 땀보마차이(Tambomachay)란 잉카의 목욕탕이 나온다. 3천 7백 미터의 고원지대라 가만히 서 있어도 숨을 몰아쉬게 된다. 고산병약을 마셨지만 빨리 걸을 수가 없었다. 병원 복도의 중환자 걸음걸이같이 한 발짝 한 발짝 옮기며 가 보니, 쌓아 올린 돌벽 사이의 구멍 3개에서 맑은 물이 콸콸 쏟아질 뿐, 잡초만이 무성한 돌담은 말이 없다. 그 물이 어디서 솟아난 것인지는 몰라도 완벽한 수로를 거쳐 아래로 고루 흐른다. 돌아와 버스로 조심스럽게 올라서니 기다리던 일행들이 안도의 박수를 쳐준다. 내가 견뎌낼 수 있는 폐활량의 한계를 확인한 셈이다.

땀보마차이를 떠난 버스는 곧 다음날의 '마추피추'를 편히 가기 위해서 해발 2,800미터의 고원지대인 우르밤바(Urubamba)로 향했다. 우르밤바강을 따라 계곡의 절벽길을 구불구불 내려가는데, 안데스산맥이 아니고는 볼 수 없는 절경이다. 저녁 늦게 투숙한 호텔은, 꽃밭 속에 단층으로 나란히 배치한 휴양시설인데, 방 근처로 들어서니 어둠 속에서 꽃향기가 확 풍겨온다. 고급 호텔보다 훨씬 심신을 편하게 해 준다.

다음 날 아침, 가이드의 모닝콜이 올 시각이 아직도 30분이나 남은 시각인데, 이름 모를 산새들의 지저귐이 방음이 안 된 방안을 뒤흔들어댔다. 아직 먼동이 트기도 전이건만 시끄러울 정도로 새들의 모닝콜은 그칠 줄을 몰랐다. 그만 나도 모르게 뛰쳐나갔.

안데스산맥의 고원지대 객창에서 전원의 정취를 만끽한 우르밤바 강변의 아침을 시간이 간다고 어찌 잊을 수 있으랴.

마추픽추의 불가사의

우르밤바에서 마추픽추까지 기차로 간다. 그 기차는 우르밤바강을 왼쪽으로 끼고 평행으로 계속 달리는데, 강과 철로의 양쪽에는 거의 수직 상태의 높은 절벽이 병풍처럼 솟아 있어, 하늘만 빠끔히 보이는 대협곡을 이룬다.

강이라고는 하나 20여 미터의 물결 거센 계곡이니 래프팅을 하면 멋있을 듯, 바라만 보아도 힘이 솟구친다. 이렇게 계곡물과의 동행을 무려 1시간 20분을 하여야 하니, 이곳이 아니면 맛볼 수 없는 대자연의 파노라마다. 길이라고는 이 철로밖에 없다니 귀로의 꼭 같은 즐거움이 또 한 번 남아 있지 않은가. 젊은 연인들이라면 즐거움은 또 배가 될 듯싶다.

간이역에서 간단히 점심을 마치고, 예약된 셔틀버스를 타니, 버스는 바로 강다리를 건너 절벽을 뚫고라도 가는 듯했는데, 수직의 산을 S자 외길로 굽이굽이 돌아 올라간다.

얼마 후에 드디어 정상에 다다르니, 사진으로만 본 돌담 터가 눈앞에 펼쳐진다. 밑에서는 보이지도 않는, 해발 2,465미터의 절벽 위에 놓여 있으니 '공중도시'란 표현이 실감이 나고, 스페인 통치 4백 년간 모르고 숲속에 방치되었었으니 '잃어버린 도시'도 정확한 표현이다.

5평방킬로미터에 이르는 터에 1만 명 정도가 살 수 있는 요새도시를 하필이면 산등성이에다, 누가, 왜, 어떻게 돌을 다듬어서 건설했는지는 알 길이 없으니, 세계 7대 불가사의의 하나라는 것이 실감이 난다.

유적지는 농업구역과 주거구역으로 나누어진다. 농업구역은 경사지에 계단식으로 돌을 쌓아 밭을 만들어 경작하던 곳이다. 비교적 평평한 주거구역에는 제법 큰 광장도 있고, 왕의 구역, 왕녀의 궁전, 태양의 신전, 달의 신전, 중앙신전, 능묘, 피라미드, 감옥(콘돌의 신전), 서민의 주거 등 오밀조밀 구획을 해 놓았다. 초가지붕은 사라지고, 창구멍이 나 있는 벽들만 덩그러니

서 있으나, 돌을 다듬은 솜씨는 이곳도 신기에 가깝다.

구름 속 하늘 도성 천여 년을 숨겨져
정복자도 몰랐던 폐허의 돌산 삶터
그 살림 상상도 못해 놀랍기만 하여라
- 「마추픽추 옛터」

Good-bye-boy의 1불 팁

마추픽추를 보고 버스가 하산 길에 들어섰다. 서너 번 S자 길을 돌았을까, 3분의 1쯤 내려온 지점이었나 보다. 6, 7세 정도의 어린이 서너 명이 버스 앞 길옆에서 손을 흔들어 댄다. 버스가 한 바퀴 돌아 한층 아래로 내려올 때마다 그 녀석들은 앞질러 나타나서 소리치며 손을 흔들어 댄다. 애처롭기도 하고, 호기심 반 흥미도 있다. 그 녀석들은 훈련된 발걸음으로 돌계단 길을 수직으로 내려오니 매번 버스보다 빠르다. 버스와의 경주에 승객들이 관심을 갖게 하고, 마지막 하산 길목에서 다리를 건널 때는 어린 녀석 혼자서 버스를 가로막고 필사의 질주를 하는데, 승객의 호기심은 절정에 이른다.

다리를 건너자 버스가 옆으로 서 주고, 꼬마 녀석이 올라와서 한국인임을 알아차리고, "안녕하세요." 소리치며 손을 흔든다. 내려가는가 했더니 목에 찬 주머니를 열고 당당히 1불씩을 받아 챙긴다. 누구도 아까워하지 않는 팁을.

그랬다. "너도 안녕하세요." 꼬마 녀석의 앞날에 축복 있기를 빌며 떠나왔다.

우르밤바의 고원길

우르밤바에 돌아와서 하룻밤을 더 쉬고, 나스카로 가기 위해서 리마로 다시 돌아간다. 돌아가는 길은 온 길이 아니다. 숙소에서 치켜다 보이던 높은 산정으로 올라, 의외로 그곳에 전개되는 고원지대를 달려 쿠스코로 가고, 쿠스코에서 비행기로 리마에 다시 돌아가야 한다. 쿠스코에서 우르밤바까지의 계곡길도 절경이었는데, 우르밤바에서 쿠스코로 돌아가는 해발 3천 3백 미터의 고원 길은 훨씬 더 아름답지 않은가. 정상의 전망대에서 바라보는 건너편 산의 원경이나 내려다보이는 우르밤바의 계곡, 색채도 선명한 노랑, 보라, 흰색의 꽃들이 연녹색의 초원에 무리를 지어 이어지는 원색의 파노라마는 남미여행 길에서 즐길 수 있는 가장 아름다운 천연미의 백미가 아닐까.

차마고도(茶馬古道)

마지막 도전으로

영상으로 본 차마고도의 아찔한 벼랑길이 얼마나 멋이 있던지, 꼭 한 번 나도 도전하리라 벼르오던 터였다. 히말라야의 빙벽을 오르기도 하는데 말을 타고 넘는 것도 못하랴 싶어 괜한 용기를 냈다.

성도에서 하룻밤을 쉬고 몽정산(蒙頂山)으로 향했다. 사천성 야안(雅安)에 있는 명산이다. 그리 높지는 않으나, 비가 많이 오고 지세도 남쪽이 낮아 참 아늑하다. 봉우리들 사이로 맑은 물도 흘러 녹차 경작의 최적 환경이란다. 중국 녹차의 시배지이며 명차의 산지이고 보니 옛날 차마고도의 시발점이 되었다.

한(漢)나라 때부터 재배한 이곳의 차는 향이 좋아 황실에도 진상했다. 차 향내 뿜어대는 밭이랑을 지나 나무 그늘 아래 차린 노천차실에서 모봉, 감로, 황차 등 명차들을 마음껏 시음하자니 우리도 한나라 황제의 팔자쯤은 부러울 게 없었다.

샹그리라(香格里拉)를 넘어

다음 날 아침은 좀 일찍 서둘렀다. 붐비는 샹그리라행 비행기를 타기 위해서다. 이륙 후 한 시간쯤 되었을까, 활주로도 하나뿐인 산악지대의 외딴 비행장에 착륙했다. 이곳 샹그리라는 해발 3,200미터의 고산지대로 티베트의 관문이다. 본래는 운남성 띠칭 장족자치주(迪慶藏族自治州)의 쭝띠엔(中甸)현이었으나 여러 경쟁지를 물리치고 '샹그리라'시가 되었다 한다.

샹그리라는 1933년 영국인 작가 제임스 힐튼이 쓴 소설 『잃어버린 지평선(Lost Horizon)』에 나오는 이상향이다. 그 소설이 영화로 제작되면서 폭설과 혹한 속에 티베트인이 살고 있는 심산유곡이 신비의 땅으로 많은 사람의 뇌리에 각인되었다. 이에 착안한 중국 당국은 설산과 대초원, 강과 협곡, 원시림과 다양한 동식물, 티베트인의 종교가 고루 갖추어진 곳을 찾다가 골라낸 곳이 바로 쭝띠엔이다. 2001년에 샹그리라로 개명을 하자 한 해에 몇만 명밖에 안 오던 관광객이 백수십만 명으로 늘어나게 되었다. 짝퉁도시가 갑자기 유명세를 타고 번창하게 되었다나.

우리는 티베트풍의 샹그리라 고성과 작은 포탈라궁이라고도 불리는 송찬림사(松贊林寺)를 둘러보았다. 아침에 고산증을 대비해서 약을 먹었는데도 숨이 차오른다. 중환자같이 한 발 한 발 서서히 옮기며 까마득한 꼭대기의 사원들을 돌아 나왔다. 라사에 있는 포탈라궁과는 비교가 안 되지만 그곳을 가 보지 않은 관광객의 시선을 끌기에는 족하다. 티베트까지도 깊숙이 한족화가 되어 명목상의 자치구가 된 마당에 짝퉁도시의 짝퉁사원에서 장족문화의 진수를 맛볼 수는 없을 터, 어차피 겉모습의 구경에 만족하는 수밖에 도리가 없지 않은가.

호도협(虎渡峽)으로

샹그리라의 산등을 넘으면 고산증의 걱정은 접어도 된다. 계속 협곡을 타고 내려간다. 첩첩이 쌓인 수직 협곡을 굽이굽이 돌아간다. 장강의 발원지가 바로 이곳이다.

양자강의 상류인 금사강(金沙江)가로 내려서니 길옆에 호도협을 알리는 팻말이 서 있다. 이곳에서 다시 산악용 차에 나눠 타고 벼랑길을 오른다. 차에서 내리니 협곡이 발아래 까마득하게 보인다. 이곳부터 한두 사람이 겨우 지나갈 만한 자갈밭길을 말 등에 실려 십 리쯤 올라간다. 험난한 차마고도의 진수를 체험하는 이번 여정의 백미다.

나는 제일 큰 말을 골랐다. 그런데 작은 조랑말도 곧잘 가건만, 이놈은 힘에 겨운지 후룩후룩 한숨을 쉬어 불안하게 한다. 좁은 길이 빗물에 씻겨 가운데가 골이 파였는데 꼭 그 오른쪽 언덕길을 딛고 가니 말의 심보를 알 길이 없다. 풀잎에 가려 몇 센티만 밖으로 헛디디면 천야만야한 절벽인데… '설마하니… 네놈도 함께 죽을 터인데…' 하고 마음을 달래지만 뒷발을 차며 바위를 오를 때는 정말 간이 오그라든다.

  얼마를 이렇게 가다가 산장에 이르니 말에서 내리란다. 잠깐 쉬어 가는가 했더니 다 왔다고 한다. 안도의 숨을 쉬었으나 한동안이나마 험로를 동행한 말을 떠나보내자니 아쉬운 마음도 금할 수 없다.

  산장에서 다시 차로 구불구불 내려가니 호도협 전망대에 이른다. 가장 좁은 협곡이고 낙차가 가장 큰 곳이어서 발아래 내려다보이는 흙탕물은 흐른다기보다 소용돌이치며 도리어 솟구쳐 오른다. 넓이 30미터의 강 복판에 큰 바위가 솟아 그것을 딛고 호랑이가 건넜다는 전설이 있어 호도협이란 이름이 붙었다. 아래위로 끝없이 뻗은 협곡에 하늘을 찌르는 산봉우리가 구름에 묻혀 경계를 분간할 수 없으니 자연의 웅대함과 신비에 다시 할 말을 잊는다.

금사강 협곡은 발아래 천야만야
말 등에 실려 가며 마음 졸인 자갈밭 길
믿자구 큰 바위 딛고 호랑이 건넛다니

- 「호도협을 찾아」

한국의 샹그리라

동행했던 구형우 회장 내외분이 차마고도 여행의 뒤풀이라며 자신의 집에서 모이자고 초대를 해 주셨다. 양평 용천리의 골짝을 따라 높이 올라선 곳에 자리 잡은 저택이다. 계단을 쫓아 정원에 서는 순간 탄성이 절로 나온다. 이곳이 바로 한국의 샹그리라가 아닌가. 탁 트인 시야에 서늘한 골바람이 늦더위에 달아오른 마음과 몸을 단숨에 식혀준다.

우거진 등나무 밑의 식탁에는 맛있는 음식이 푸짐하다. 특히 묵은 김치, 묵은지 조림, 감칠맛 나는 깻잎장아찌며 닭강정, 들기름으로 비빈 겉절이비빔밥, 안주인의 정성과 손맛이 돋보이는 황홀한 만찬이다.

어둠이 깃들자 멀리 양평 시가의 불빛마저 별빛으로 바뀌더니 이 또한 샹그리라에서는 볼 수 없는 장관이 아닌가. 올가을의 울릉도, 이태리 여정까지도 들먹이며 웃음꽃으로 저물녘의 숲속 정적을 우리는 흔들어댔다.

(2010. 5.)

그 나무를 만나러

"때 묻지 않은 자연의 신비로움이 있는 곳, 애니메이션 '월영공주'의 배경이 된…."

'이철구여행'의 메일을 열자 사슴의 등에 올라탄 원숭이 사진과 함께 나를 유혹하는 광고가 뜬다. 어디 그뿐인가, 수령 7,200년의 조몬스기(繩文杉)를 본다는 바람에 홀려 나는 가겠다고 당장 예약을 했다. 이 지구상에서 가장 오래 살아온 장수의 황제를 알현하는 꼴이니 선택이나 고려의 여지가 없지 않은가.

나이가 더해갈수록 때 묻지 않은 자연을 찾고 싶다. 그렇다고 아마존의 밀림을 다시 갈 수도 없는 노릇이니 가까운 곳만을 골라 다니기 마련이다. 그런데 그 신비로운 나무가 바로 이웃인 일본의 큐슈에 있을 줄이야…. 가고시마의 사꾸라지마(櫻島)가 연기를 뿜어내는 뉴스를 보고서도 내 가슴은 마구 설레어 출발을 강행하게 되었다.

　가고시마항에서 쾌속정으로 두 시간쯤 남쪽으로 달리면 일본의 보물섬이라는 야꾸시마(屋久島)에 닿게 된다. 마침 호수같이 잔잔한 물결에 구름 한 점 없는 하늘, 올 들어 처음 보는 날씨란다.

　맑은 날씨가 내일밖에 없다는 예보에 일정을 바꾸어 조몬스기 루트를 먼저 가기로 했다. 새벽 5시의 출발이다. 충분하게 쉬어야 하는데 도리어 잠을 설치고 말았다. 평소에는 양재천 산책로를 3킬로 정도 걷고도 피로를 느끼는데, 왕복 20여 킬로의 산행이라면 무리한 도전이다. 산에 오를 땐 칠부 능선으로 만족한다는 내 원칙의 파기다.

　하필이면 이 신령한 나무가 해발 1,400미터의 산꼭대기에 자리 잡고 있을 줄이야. 갈 수도 안 갈 수도 없지 않은가. 고희 기념으로 참가했던 백두산 천지 종주의 괴로운 추억이 뇌리를 스친다. 팔순에 조몬스기 트레킹을 하다니 새로운 이정표를 하나 더 세우는 셈이다. 그러나 만약의 경우 구제책이 없는 산길로, 그 위험을 무릅쓰고 비장한 각오에 억지 결단을 내리고 말았다.

　어둠 속에 좁고 꼬불꼬불한 길을 한 시간쯤 달려 해발 6백미터의 아라가와 등산로 입구(荒川登山口)에서 버스를 내렸다. 날이

훤히 밝아오는데 바로 철로로 들어선다. 계곡을 따라 놓인 벌목용 협궤철로가 그대로 남아 등산로로 쓰인다. 이 길이 8킬로나 이어진다니 특히 돌아올 때는 피로에다 지루함으로 지치기 마련이란다. 중앙에 널빤지를 깔아 놓았으나 좁아서 바닥만 보고 걸어야 했다. 맑은 계곡물이나 우거진 녹음을 감상할 마음의 여유도 없었다. 지옥의 길이다.

발길을 옮길수록 숲은 점차 어두워진다. 이대삼(二代杉), 삼대삼(三代杉), 대왕삼(大王杉), 윌슨 그루터기(ウィルソン株) 등 2, 3천 년의 삼나무가 그득하다. 이 동리에서는 수령 천 년쯤은 되어야 삼나무(屋久杉) 대접을 받는다. 그 거목들을 바라보고 만져보는 시간만이 잠깐의 휴식 시간이다. 시간에 쫓겨 계속 걸어야 한다.

지루한 철로길이 끝나자 가파른 계단길이 나선다. 울퉁불퉁한 바위를 밟고 넘어간다. 3킬로 남짓하지만 숨이 턱에 가 닿는다. 얼마나 남았느냐고 수없이 물어도 조금이면 된단다. 정오가 훨씬 지나서야 조몬스기 앞의 마지막 계단을 밟았다. 먼저 오른 일행이 기다리다 박수를 쳐댄다. 격려 반 안도 반의 갈채일 게다.

산 비알 바위틈에 뿌리를 박고 거센 태풍과 폭설을 견뎌온 그 모습, 어느 인간 어느 짐승이 견줄 수 있으랴. 장수의 신목

(神木)이다. 자세히 살피려고 고개를 뒤로 젖혀도 눈이 저절로 감긴다. 무사히 내려가도록 활력을 보태 주십사고 나는 빌고 있었다.

안내판을 보니, 높이 25.3미터, 지름 5.22미터, 둘레 16.4미터, 추정수령 2,170~7,200년으로 적혀 있다. 어디 상한 곳 하나 없는 웅장한 모습이다. 참으로 신비롭다.

뒤편 산장으로 가서 도시락을 먹었다. 찬물에 주먹밥도 꿀맛이다. 이철구 사장이 김치를 나눠주니 그 이상의 반찬은 필요도 없다. 비닐봉지에 남은 김칫국물을 다가서던 사슴이 맛있게 핥는다. 그 녀석 운도 좋았다. 언제 또 그 환상적인 맛을 볼 수나 있을까 싶다.

옷은 땀에 흠뻑 젖어 냉기가 조여든다. 하산길이 까마득하니 바로 되돌아서야 했다. 다리가 후들거려 젊은 아줌마들의 가벼운 발걸음도 따라잡을 길이 없다. 지팡이에 의지하여 무거운 발을 묵묵히 옮긴다. 등산로 입구에 돌아오니 오후 5시 반, 장장 11시간 반의 행군을 기적적으로 해낸 꼴이다. 내 어찌 조몬스기를 잊을 수 있으랴. 용감한 도전이라기보다는 금기의 욕심이었던 게다. 다시는 노욕(老慾)의 덫에 걸리지 말자고 다짐해본다.

외진 섬 산골마다 아름드리 삼나무들
우거진 풀숲으론 사슴들의 어슬렁댐
태고의 깊은 비밀을 가슴으로 받아 안네

바위틈 산꼭대기 수천 년은 입 다물고
거센 바람 된서리를 잘도 버틴 조몬스기
그 모습 하 신비해서 할 얘기도 잊었네

기나긴 철길 끝엔 험악한 돌계단을
찬밥으로 땀 흘리며 죽기로 걸었거니
그 나무 정기 받으며 꿈결로 돌아섰네

-「조몬스기」

카이로와 룩소의 불가사의

카이로 고고학박물관

　희랍관광의 하이라이트가 신전문화로 집약되고, 그것도 기둥 몇 개 남은 폐허 위에서 고대의 모습을 머리로 상상하는 것이라면, 이집트관광의 하이라이트는 무덤문화요, 그 무덤 속에서 파내온 부장품들을 통해서 4, 5천 년 전 고대의 모습을 눈으로 확인하는 것이라 하겠다. 그리고 그 무덤문화의 사전 교육장이 고고학박물관이라고나 할까?

　피라미드뿐만이 아니라, 진열품 모두가 불가사의다. 이집트의 고대문명은 무덤 때문에 쇠락의 길로 떨어졌지만, 오늘의 이집트는 그 무덤을 자랑하며 팔아먹고 사는 셈이다.

　전시품 중에 제일 놀라운 것은 파라오 투탄카문(Tutankhamun)의 의자와 2중으로 된 관이다. 금은박의 목제품인데, 상감기법으로 보석류나 색유리를 사용하면서 신화의 내용이나 전쟁, 수렵하는 그림 등을 정교하고 화려하게 박아 놓았으니, 단군신화 시대보다 앞선 시기에 그 수준의 기술이 있었으며, 지금까지도 그대로 보전되고 있으니 할 말을 잃는다.

투탄카문의 순금 마스크나 장신구, 미라를 만들기 위해 빼낸 내장을 담는 관 등등 형용할 길이 없기는 모두 마찬가지이다.

왕가의 골짜기

고대의 수도였던 룩소(Luxor)는 나일강 중류에 위치한 도시이다. 나일강의 동쪽에는 시가지와 신전이 있고, 서쪽에는 테베산 속에 왕가의 골짜기와 왕비의 골짜기가 있다. 어느 골짜기나 지하에는 많은 무덤들이 산재해 있고, 지상에는 신전과 장제신전이 있었으나, 지금은 지하의 무덤만이 남아 있고, 왕비의 골짜기에 장제신전의 유적 하나가 남아 있을 뿐이다.

테베산으로 가는 초입에 있는 신전의 유적지에는 '멤논의 거상(Colossi of Memnon)'이란 거대한 석물 두 개가 나란히 놓여 있다. 어느 것이나 하나의 통돌로 되어 있는 석회암 좌상인데, 그 높이가 20미터나 되니, 그 거대한 것을 어떻게 운반해왔는지, 1미터 남짓한 해태 석물만을 보아온 우리에게는 그저 놀랍기만 하다. 불가사의의 연속이다.

　고대 이집트인들은 사후의 세계는 생전 세계의 연장으로 생각했다. 죽으면 영혼이 육체를 벗어나나, 신에게 가서 생전의 행적에 대한 심판을 받고, 합격판정을 받으면 다시 육체로 돌아와서 만년을 살게 된다고 믿었다. 그러므로 왕이나 귀족들은 신분에 걸맞게 생전에 미리 무덤을 만들고, 그 무덤도 장식을 하지 않을 수 없었던 것이다. 사망하면 시체는 미라를 만들어서, 생전에 쓰던 많은 부장품과 『死者의 책』(상형문자로 된 저승길 안내서)과 함께 화려하게 꾸민 묘(墓) 안에 비치하게 된다.

　이러한 묘는 여러 개가 한 지역에 몰려 있어서 네크로폴리스(사자의 마을)를 이루는데, 그중 대표적인 것이 왕가의 골짜기인 것이다.

　테베산은 사암으로 이루어진 큰 산이다. 풀 한 포기 없는 황톳빛 돌산인데, 산정의 동쪽에는 '왕비의 골짜기', 서쪽에는 왕가의 골짜기가 있어 왕가의 골짜기에는 수없이 많은 왕들의 묘가 지하에 숨겨져 있어 하나씩 찾아 발굴해가고 있다.

　이미 발굴된 묘도 여럿이지만, 대표적인 것인 투트메스(Thutmes) Ⅲ세의 묘(KV no. 34)와 세티(Sety) Ⅱ세의 묘(KV no. 15)만을 보았다. 투트메스 Ⅲ세는 제18왕조(BC 479~1426)의 파라오로서, 람세스(Ramses) Ⅱ세와 더불어 가장 국위를 떨쳤던 군왕이다. 이 묘는 왕가의 골짜기에서도 가장 깊숙이 들어간 곳의 암벽에 입구가 있다. 지상 30미터의 높이니 철제 사다리를 타고 올라가야 한다.

좁은 문을 들어서면 경사진 제1통로가 나오고, 그 끝에서 다시 계단을 타고 깊숙이 내려가면 제2통로가 나오고, 넓은 공간이 조성되고, 다시 조금 더 가면 2개의 기둥으로 지탱하는 장방형의 전실(前室)이 직각으로 꺾여 놓여 있다. 전실에서 다시 계단으로 더 내려가면 2개의 기둥이 있는 넓은 석관실로 이어지는데, 이 석관실의 양쪽에는 또 2개씩 부속실까지 마련되어 있다.

벽면에는 모두 그림이나 상형문자들이 새겨져 있는데, 그 벽화의 제작과정은 작업을 단계별로 하다가 그친 미완성의 세티Ⅱ세의 묘를 보면 쉽게 알 수 있다.

동굴을 파고, 평평하게 벽면을 갈아내고, 석회를 1센티미터쯤 바르고, 그 위에 그림을 그리고 나면, 다시 정교하게 조각을 하고, 마지막으로 채색을 하는 작업을 좁은 공간에서 조명시설도 특별한 장비도 없이 해냈으니, 그 노력과 기술은 상상을 초월하는 것이다. 그렇게 완벽하게 만들어 숨겨놓은 투트메스 Ⅱ세의 묘도 어떻게 찾아내었는지 도굴을 당했다니, 이집트 도굴꾼들의 기술 또한 신기의 수준이 아닐 수 없다.

왕가의 골짜기를 나와 돌아오는 길 왕비의 골짜기에 들렀다. 이곳에는 왕비와 왕자들의 묘와 귀족들의 묘가 모여 있고, 지상에는 할쉡슈트 여왕의 장제전(Temple of Hatshepsut)이 남아 있는데, 이 자리는 동양의 풍수설로 보면 빼어난 명당자리라 하겠다.

카르낙의 신전과 룩소신전

오후에는 태양신의 주 신전인 카르낙(Karnak)신전과 부속신전인 룩소신전을 보았다. 룩소신전은 길이 260미터나 되는 대신전이며, 3대에 걸쳐서 람세스 Ⅱ세가 완성한 것이다.

룩소신전과 3킬로쯤 떨어져서 카르낙의 신전지역이 있는데, 그 사이를 잇는 긴 길옆에는 산양의 머리를 한 거대한 스핑크스 수십 개가 도열해 있다. 룩소신전 입구에 세운 람세스 Ⅱ세의 승전비인 오벨리스크 2개 중, 왼쪽에 세워진 높이 25미터의 것만 남아 있고, 오른쪽에 있었던 것은 약탈당해서 1836년에 프랑스의 콩코드광장에 세워졌다고 한다. 신전 입구에 있는 높이 15.5미터, 좌대 높이 1미터나 되는 파라오의 거대한 좌상 2개, 2열의 원주(圓柱)로 둘러싸인 람세스 Ⅱ세의 중간 뜰 등 놀랍기만 하다.

카르낙의 고고학지역은 3개의 신전지대로 나뉘는데, 아직도 발굴이 계속되고 있다. 그중 아몬신전(Temple of Amon)이 제일 장엄한데, 다주식(多柱式)신전으로는 세계 최대의 것이며, 맨해튼의 반 정도 크기라고 한다.

가장 압도적인 것은 대회의실이다. 폭 102미터, 길이 52미터의 공간에 높이 23미터의 둥근 돌기둥이 134개나 들어서 있으니 '원주의 숲'이라고 할만도 하다.

피라미드와 스핑크스

4월 20일 아침 5시 발 비행기로 다시 카이로로 돌아와서, 기자(Giza)관광에 들어갔다.

기자는 카이로에 있는 큰 묘에 붙여진 이름이다. 왕의 묘 3기가 있는데, 그것이 세계 7대 불가사의 중의 하나인 피라미드이다. 그중 최대의 것이 쿠후왕의 피라미드인데, 높이가 146미터(현재는 137미터)이고, 지금은 외장석이 전부 없어져 울퉁불퉁하게 되어 있다.

그 피라미드의 350미터 앞에 스핑크스가 있다. 머리는 사람이고 몸통은 사자인 이 인면수(人面獸)의 길이는 73미터나 된다.

호기심에 피라미드의 내부로 들어가 보았다. 쪼그리고 기어

들어 가야 할 좁은 공간인 데다, 아래위로 오르내리는가 하면 옆으로 꺾이기도 한다. 통로 끝에 있는 석실까지 가니 다리도 후들거리지만, 공기가 탁해서 빨리 되돌아 나오고 말았다.

  이 피라미드도 밤낮없이 눈을 부릅뜨고 지켜온 스핑크스가 무색하게, 예외 없이 도굴꾼들에게 도굴을 당했다고 한다. 창조하면 약탈하고, 깊이 묻어 놓아도 기어코 도굴하니, 인류의 역사란 염치없는 인간들의 탐욕의 소산이요 쟁탈전의 연속인지도 모른다.

    머리는 사람이나 몸통은 큰 사자
    무덤을 지킨다고 밤낮없이 눈 떴거니
    도굴꾼 극성스러워 모두가 허사로다
                          - 「스핑크스」

동유럽 단상

I.

 동행하는 문우들이 좋아서 나도 따라나섰다. '동유럽 5개국 9일'이라지만 중부 유럽의 중요 도시를 돌아보는 일정이다.
 올봄 날씨가 변덕스러움은 어느 곳이고 같은 것 같다. 본래 음산한 잿빛 하늘이야 이곳의 상징인 셈이다. 뜻밖의 화창한 봄 날씨에 만발한 벚꽃과 개나리의 환영을 받으며 프라하의 루치공항에 내렸다. 다음 날부터 찬비를 맞긴 했으나, 아래는 연초록, 산꼭대기엔 백설이 뒤덮인 사계절의 풍광을 고루 맛보기도 했다.
 첫날부터 국경을 넘어 궂은 날씨에 크라카우에 있는 오시비엥침 수용소와 비엘리츠카 소금광산을 들렀다. 검문소 앞에서 오랜 시간을 허비하는 것이 보통인데 그대로 통과하니 하나의 유럽을 실감케 한다. EU의 창설로 통행은 편해졌으나, 유로화를 안 쓰는 나라가 더러 있어 나그네는 아직도 큰 불편을 느낀다. 더 거북스러운 것은 먹은 물의 처리다. 마시는 것은 자유로우나 배설하는 것이 여간 어렵지 않다. 공중화장실의 절대 부족에다 그 이용에 동전이 꼭 필요하니 세금까지 내는 것 같아 우리 정서로는 수용이 쉽지 않다. 거기다 출입구를 그 나라의 동전으로 자동화까지 해 놓으면 돈이 있어도 쩔쩔매기 십상이다. 어쩌다 배탈이 난 나는 복잡한 광장에서 화장실을 찾느라 곤욕을 치르기도 했다. 하마터면 길에서 실수를 할 뻔했으니….

우리나라의 화장실 문화는 단연 초선진국 수준이다. 저들이 벤치마킹하기에는 원초적인 한계가 있다는 생각이 든다.

Ⅱ.

광활하고 풍광이 빼어난 타트라 국립공원을 넘어서 다뉴브의 진주라고도 불리는 헝가리의 부다페스트로 들어섰다. 과연 동유럽에서 경관이 가장 아름다운 도시로 꼽고 싶다. 높다란 길레르트 언덕에 오르면 정돈된 시가지의 전경이 한눈에 들어온다.

다뉴브강을 사이에 두고 부다 지역은 높은 언덕으로 이쪽 왕궁이 자리를 잡고, 세체니 다리를 건너면 부채꼴의 계획도시 페스트가 조화를 이룬다. 건국 천 년을 기념하여 만든 페스트의 영웅광장은 관광객이 항상 붐비는 명소다. 중앙아시아에서 침입한 마자르족의 족장인 아르파트를 중심으로 둘러싼 부족장들의 기마상이 늠름하고, 96미터의 탑 꼭대기에 세운 가브리엘 천사의 동상이 중앙에 자리 잡고 있다. 그 뒤로 설치한 양 날개의 기념 벽에는 역대 왕들의 동상을 줄지어 세워 놓아 헝가리의 역사를 한눈에 보는 듯하다.

부다페스트는 야경이 더 아름답다. 세체니 다리를 중심으로 강변에 세워진 왕궁, 국회의사당, 어부의 요새, 이스트반 성당 등 주요 건물들이 등불로 장식되어 황홀하기 이를 데 없다.

Ⅲ.

하룻밤을 지나 국경을 넘어 음악의 도시인 오스트리아의 비엔나로 이동했다. 이 도시는 합스부르크 왕가의 본거지이다. 도시 전체가 건축 박물관인 셈이다. 궁전의 규모와 화려함이라니… 특히 정궁보다 쇤브룬 궁전이 더 시선을 끈다. 베르사유 궁전과 더불어 가장 아름다운 궁전으로 이름난 여름 궁전이다. 우아하고 호화롭게 로코코 양식으로 꾸며진 이 별궁은 방만 1,440개에 이르고, 그중 46개만 일반에 공개한다는데 그나마 다 보지 못하고 정원으로 발길을 옮겼다.

정원의 넓이가 1.7평방킬로미터나 되며 많은 분수와 그리스신화를 주제로 한 44개의 대리석상이 줄지어 있다. 더욱 놀라운 것은 수십 척 높이의 나무들을 칼로 벤 듯 다듬어 세운 숲길이 수없이 들어서 있지 않은가. 살아 숨 쉬는 자연의 조각품이 장관이다.

어느 도시를 막론하고 가는 곳마다 성당과 낡은 성(城)의 첨탑, 조각상이 솟구쳐서 분간조차 하기가 어려울 정도다. 기독교 문화의 특별한 이해 없이는 흥미도 반감한다. 그러나 광장마다 세워 놓은 동상과 건축물을 장식한 조각품에는 수백 년의 역사가 숨 쉬고 있으니 유럽의 역사를 알면 아는 만큼 그 매력에 빠져들기 마련이다.

Ⅳ.

블타바강의 서쪽 언덕에 자리 잡은 프라하성은 중세 천 년의 모습과 역사를 그대로 담고 있는 한 폭의 그림이다. 체코의 왕들과 신성로마제국의 황제들이 이곳에서 통치했고, 현재도 체코공화국의 대통령 관저가 이곳에 있다. 세계에서 가장 크고 아름다운 성으로 평가된다.

몽둥이와 칼을 가지고 위협하는 조각상이 올라앉은 정문부터 이색적이다. 제1중정에서는 대통령궁, 마티아스 문을 지나 제2중정에 들어서면 성 십자가교회, 제3중정에 들어서면 프라하의 랜드마크라고도 할 수 있는 비투스(Vitus)성당을 만난다.

이 성당은 로마네스크 양식으로 시작하여 초기 고딕식, 후기 고딕식이 첨가되고, 다시 르네상스 양식이 도입되다 바로크 양식으로, 천 년의 세월을 두고 완성된 걸작품이다. 그 규모부터 엄청나서 보는 이마다 찬탄을 토하게 된다. 정교한 조각과 높이 솟구친 첨탑, 화려한 장식에 기울인 수법과 정성은 상상을 초월한다. 성당 안에 들어서면 아치형의 웅대한 기둥과 수천 조각의 스테인드글라스 창의 화려함 또한 그 신비로움에 말을 잊는다.

 며칠 동안 강행군을 하면서 중세로 돌아가 천 년의 역사와 문화를 더듬어 보자니 몸은 지쳤지만, 가슴은 찬탄과 경이의 느낌으로 가득하다. 그런 문화유산을 남기기까지 얼마나 많은 사람의 피와 땀이 엉켰을까 생각되어 가슴이 아리다. 그러나 그런 큰 희생이 없이 어찌 문명의 발전이 있었을까 다시 생각하게 된다. 그것을 이룩한 것도 놀랍지만 잘 보존해 온 것 역시 이 고장 사람들의 자랑이요 긍지가 아닐까도 생각된다.

> 몽둥이와 칼 가지고 지켜온 조각상
> 아름다운 성당을 옛 모습 지켰거니
> 누구라 아름답다고 찬탄하지 않으랴
> 　　　　　　　　　　　－「비투스(Vitus) 성당

폴란드의 그늘진 관광지

11시간 반을 날아와 프라하공항에 내리니 해는 도무지 질 생각을 않는다. 참으로 길고 긴 하루를 지내는 셈이다. 침대에 누웠지만 잠을 자는 둥 마는 둥 하고 아침 일찍 폴란드 국경을 넘는다. 그렇게도 화창하던 날씨가 돌변하여 비를 뿌린다. 창밖의 들판 풍광이야 더 운치가 있지만 우리가 찾는 그곳의 악명 높은 수용소 분위기엔 맞춤인 듯하다. 버려진 흉가라도 찾아든 것 같은 음산한 분위기였다.

크라카우는 옛날의 수도로 이름나기보다 그 가까이에 있는 오시비엥침(Ocwiecim) 수용소와 비엘리츠카(Wieliczka) 소금광산 때문에 더 잘 알려지고 있다. 특이한 관광명소가 되었으니 이 나라의 그늘진 역사의 단면이 햇볕을 보게 된 셈이다.

한적한 벌판에 허름한 건물들이 녹슨 철조망으로 둘려져 있다. 오시비엥침 수용소다. 들어가는 문 위에 간판 대신 올려놓은 'ARBEIT MACHT FREI'라는 아치형 글자들이 웃음을 자아낸다. 노동이 자유를 가져온다지만 고통과 죽음의 관문이었으니 그 얼마나 가증스러운가. 일단 들어오면 연기가 되어 사라져가는 길밖에 없다는 바로 그 생지옥의 정문인데….

폴란드를 점령한 독일군은 1940년 4월 이곳에 제1수용소를 건립했다. 다음 해에는 약 3킬로미터쯤 떨어진 브레제진카 마을 외곽에다 열 배나 되는 제2수용소도 만들었으나 패전하면서 사실을 은폐하기 위해 폭파해버렸다.

이 수용소는 처음에는 폴란드의 정치범들을 수용하기 위해 만 명쯤 수용할 수 있는 규모로 지었다. 그러나 점차 대상이 확대되어 집시, 장애인, 유대인 등 미운 놈들을 모조리 유럽 전역에서 끌어다가 죽이는 살인공장으로 바꾸어 놓은 셈이다.

짐승의 우리만도 못한 열악한 생활공간이 그대로 남아 있다. 수십 개의 창고에 수용자들의 유품이 가득 쌓여 있어 그 참상을 가히 연상할 만하다. 그들이 쓰던 낡은 안경, 장애인들의 몸을 지탱해 주던 의족이며 의료기기, 크고 작은 가죽 신발이며 구두약통, 주인의 이름이 붙어 있는 배낭, 단란한 생활을 꿈꾸며 가져왔을 냄비며 식기류, 사그라진 의상들이 산더미 같다.

대중탕에서 목욕을 한 데서 알몸으로 들어서면 천장의 수도 꼭지에선 독가스가 흘러나와 질식시켰을 것이다. 벽면에 긁어 놓은 손톱자국들이 마지막 몸부림을 생생하게 보여준다. 그 죽음도 시간을 단축하려고 강력한 싸이클론B 가스까지 개발했다니….

    궂은 비 맞아가며 외진 곳 찾아드니
    녹슬은 철조망에 살인공장 덩그렇고
    세상사 덧없다 하나 이보다 더할 손가

    미치광이 권력 잡자 미운 놈 씨 말리려
    사방에서 불러 모아 지옥에 가둬 놓고
    일하면 자유를 준다 뻔뻔스레 꾀었나

    목욕한다 벗기고 가스탕에 몰아넣어
    재물 뺏고 목숨 앗아 연기로 내보내니
    악마가 따로 없듯이 흉측도 한스럽다

                             -「오시비엥침 수용소」

    그 시체들을 뒤척이며 금붙이를 떼어내고 머리카락을 잘라냈을 터이니 끔찍한 일이다. 그 머리카락으로 카펫이나 양복지를 짜는 데 이용했다니 그것을 알고서야 어찌 편안히 사용했으랴. 쌓인 머리카락을 보니 생뚱맞게도 스스로 잘라 판 우리나라의 어머니, 딸들의 생각이 떠올랐다. 시골 골목을 누비며 엿장수가 모아온 머리카락으로 가발을 만들어 수출했던 원시적인 외화벌이 시대가 얼마 전에 우리에겐 있었다. 세계 120개국 중 인도 다음으로 못사는 국민소득 76불의 지난 시대를, 그때의 고달픔을 잊고 호화롭게 관광을 나다니는 오늘의 젊은 세대들이 상상이나 할 수 있을까.

유품 창고보다도 놀라운 것은 사망자들의 사진이며 인적사항과 사망일까지도 기록하여 놓은 전시실이다. 지금도 독일 사람들은 조상이 저지른 죄과를 확인하고 부끄러운 과거를 청산하려고 이곳을 찾는단다.

그러나 일본인들은 폴란드의 단체관광 코스에서 이 수용소를 제외하며, 정부에서도 그렇게 권한다고 들었다. 자신들의 죄과를 숨기기에 급급하여 역사적 사실까지도 왜곡하려 드는 이들이 이곳에 와 보면 어떤 생각을 할까 참으로 궁금해진다. 하기는 지금도 이보다 못하지 않을 생지옥이 이 지구상에 있다 생각하니 왠지 마음이 더 아프다.

우울해진 기분을 털어내며 크라쿠프의 남동쪽으로 13킬로미터 떨어진 비엘리츠카로 향했다. 소금광산을 보기 위해서다. 13세기 무렵부터 7백 년 동안이나 계속 채굴하여 폴란드 왕국을 지탱한 것도 자랑거리지만, 그 속에 차려진 예술품들이 관광객을 끌어들이고 있다.

이 광산은 지하 65미터까지는 수직으로 된 나무계단(378개)을 뱅글뱅글 돌며 내려간다. 여기서 시작하여 지하 135미터까지 내려가면서 약 2.5킬로미터를 둘러보고 나면 웬만해선 지치기 마련이다. 놀랍게도 이 개방된 공간은 광산 전체의 삼분의 일도 되지 않는다. 지하 327미터까지 채굴한 자리에는 방이 2,040개나 되고, 모든 방을 연결하는 복도의 길이는 약 2백킬로미터에 달한다고 하니 그 규모는 상상을 초월한다.

천장과 바닥이며 벽이 모두 순도 높은 암염일 뿐만 아니라, 너른 공간마다 즐비하게 서 있는 조각품이나 건축물이 정교한 걸작품들이다. 그것을 만든 사람들이 모두 평범한 광부라기보다 신의 계시를 받은 조각가들임이 틀림없겠다.

코페르니쿠스, 괴테, 킹가 공주, 교황 요한 바오르 2세의 조각상 등이 특히 눈길을 끌고, 최후의 만찬 조각상은 최고의 걸작품에 버금간다.

지하 110미터에 자리한 킹가대성당은 길이 54미터, 폭 17미터, 높이 12미터나 되며, 70여 년이 걸려 1963년에 완공했다고 한다. 불이 들어와 빛나는 샹들리에마저도 그 소재는 암염이다.

이 광산 안에는 레스토랑, 탁구장, 콘서트홀, 예배당, 간단하게 할 수 있는 인터넷 시설, 박물관 등 땅 위의 온갖 편의시설을 고스란히 옮겨다 놓아 지하생활이라고 불편을 전혀 느끼지 않을 정도라고 한다.

이러한 작품들이 큰 희생 없이 이루어질 리는 만무하니 그 그늘에는 가슴 아린 사연들이 얼마나 많이 깃들어 있을까. 망아지를 안고 내려와서 죽도록 어둠 속에서 부리다 보면 시력까지 잃게 된다니….

잠깐 들러 간 명사들의 조각상보다는 어려서 들어와 영영 햇빛을 못 본 짐승들의 위령탑이라도 하나쯤 세워 주었으면 하는 아쉬움이 내 가슴을 짓누른다.

　　천지개벽 일어나 산속으로 묻힌 소금
　　수천 척 파 내려가 또 한 번 개벽인가
　　돌인 양 깎고 다듬어 별세상 일궈냈네

　　망아지 길러내어 눈멀도록 부려가며
　　고된 세월 달래려 성당까지 차렸던가
　　그 영혼 하늘로 올라 영생복락 누리리
　　　　　　　　　　　　－「산속의 소금을 파내고」
　　　　　　　　　　　　　　　　　(2013. 4.)

험준한 밀림을 뚫고

　북섬의 오클랜드 국제공항을 떠난 지 1시간 20분 만에 남섬의 관문인 크라이스트처치 공항에 내렸다. 크라이스트처치는 남섬 인구의 3분의 1이 모여 사는 뉴질랜드의 세 번째 도시. 1850년에 신천지를 동경하며 이민을 온 4천 명의 영국인이 건설한 도시인지라 영국풍이 물씬 풍긴다. 가든시티(Garden city)라고 불릴 만큼 6백 개가 넘는 공원을 자랑한다. 공원 속에 도시가 산재하고 있다고나 할까. 두어 달쯤 쉬었다 가고 싶은 곳이다.
　크라이스트처치에서 점심을 끝내고, 남으로 2시간 반쯤 끝도 없는 평원을 달리니, 만년설이 뒤덮인 이곳 알프스의 산줄기가 시야에 들어온다. 그 주봉인 쿡 산(Mt. Cook)의 아름다운 모습이 테카포(Tekapo) 호수 너머로 아득히 보인다.
　테카포 호수는 빙하수로 채워져서 그 특유의 에메랄드빛이

유난스레 맑고 아름답다. 어디 그뿐인가. 해발 390미터의 수면이라 층층이 형성된 호수를 인공 수로가 연결해 놓아, 바다까지 흘러 들어가는 동안 그 낙차를 이용한 9개의 무인 수력발전소가 돌아가고 있으니 부럽기 이를 데 없다.

저녁 늦게야 퀸스타운에 도착하였다. '스카이라인'의 곤돌라를 타고 산 위의 뷔페식당에 이르렀을 때는, 어둠이 짙게 깔려 거리의 불빛만 발아래 현란할 뿐, 그 지형은 전혀 분간할 수 없었다. 퀸스타운은 여왕이 살기에 적합할 만큼 아름다운 곳이라 하여 붙여진 이름이란다. 길이 38킬로나 되는 와카티푸(Wakatipu) 호수의 중간 부분에 자리 잡은 이 도시는 네 계절 어느 때나 여행객으로 붐빈다. 관광길의 요충일 뿐 아니라 스키, 골프, 낚시, 파라후라이트, 요트, 번지점프 등 온갖 놀이를 다 즐길 수 있다. 레포츠 천국이라고나 할까.

쿡* 능선 비켜놓고 달려온 호숫가로
아름다운 여왕거리 놀이판도 가득해
도원이 아닌가 하여 모두들 모여드네
   *쿡: 뉴질랜드 남섬의 높은 산(Mt. Cook) -「퀸스타운」

다음 날 이른 아침에 여숙을 출발하여 밀포드 사운드까지 왕복 6백 킬로의 산길을 버스로 달려야 한다. 와카티푸 호수를 오른쪽으로 바라보며 한 시간쯤 가면 서쪽 끝자락에 킹스톤(Kingston)이 나오고, 산속으로 삼백 리쯤 더 달리면 국립공원의 관문인 테 아나우(Te Anau)란 작은 마을에 이른다. 테 아나우호수를 따라 다시 백 리쯤 달렸을까, 여기서 만나는 험준한 협곡이야말로 남섬 관광의 하이라이트라 하겠다.

1986년에 세계자연유산으로 지정된 피요르드랜드 국립공원은 눈사태, 나무사태가 흔히 일어난다. 가파른 절벽의 바위에는 이끼가 무성하고, 이끼 밑으로 뿌리가 뻗었으니 하나가 넘어지면 차례로 넘어지기 마련이다. 넘어진 나무들은 그 자리에서 썩어 자연으로 돌아간다. 연간 3백여 일에 7천밀리의 비가 쏟아지는 특수한 지대이니, 계곡의 수목은 적도의 밀림을 무색하게 한다. 도중의 거울호수(Mirror Lakes)를 스쳐 갈 때는 맑은 물에 건너편의 절벽이 비쳐 한 폭의 산수화를 보게 된다. 거울호수란 이름도 실감이 난다.

아주 험한 이 고개를 넘을 때는 갑자기 비까지 내려 한층 운치가 있었다. 전기시설도 없는 캄캄한 호머 터널(Homer Tunnel)을 빠져나가는 순간 시야가 확 트이면서 급경사의 산길이 갈지자로 오락가락하니 피요르드 사운드가 가까워짐을 알려준다.

췌이즘(The Chasm)에서 일행을 풀어주어 한동안 협곡 속의 밀림지대를 거닐었다. 습기가 많아 나무들은 이끼류로 뒤덮여 있고, 그 이끼 밑으로 수분이 흐르니, 뿌리가 제 둥치인 줄도 모르고 타고 오른다. 다시 밑으로 내려오는 그 기묘함까지도 보게 되다니.

 피요르드 사운드에서 유람선을 타고, 점심을 먹으면서 10킬로의 물길을 따라 타스만까지 나아갔다가 되돌아온다. 중턱에 안개가 걸린 1천미터 높이의 절벽이 양쪽으로 병풍처럼 세워져 있고, 그 위로부터 수없이 많은 폭포가 쏟아져 내린다. 폭포 가까이를 배가 지날 때면 물방울에 젖는 옷은 아랑곳하지 않고 탄성을 토하며 카메라의 셔터 누르기에 모두들 여념이 없다.

> 바닷길 이삼십 리 절벽을 에워싸고
> 중턱에 걸친 안개 폭포까지 부셔대니
> 옛적의 싸움터인들 이보다 장엄하랴
> ―「절벽의 폭포」

 안내방송은 일본어에 이어 한국어로도 흘러나온다. 한국인 관광객이 그만큼 많다는 증거이다. 관광을 즐기며 천혜의 경관만을 부러워할 것이 아니라, 자연을 가꾸고 지키는 순박한 이 땅 주인들의 숨은 노력도 배웠으면 하는 생각을 해본다.

환상의 황산 트레킹

황산의 매력

황산의 명성은 오래전부터 들어 왔는데, 근래에는 TV 광고마저 매일 유혹을 하니 참을 수가 없었다. 또다시 죽마고우 전인준(全寅俊) 사장을 졸라서 2005년 2월 27일, 3박 4일의 황산 관광길에 나섰다. 오전 11시 15분 상해 포동(浦東)국제공항에 내린 우리 일행 21명은 노신공원(魯迅公園, 윤봉길 의사의 의거로 유명한 虹口公園), 대한민국임시정부 청사와 명나라 때의 유명한 정원인 예원(豫園)을 둘러보고, 밤 9시 30분에 홍교(虹橋)공항에서 국내선 중국동방항공을 타고, 10시 20분에야 밤늦게 황산시로 옮겨 갔다.

중국의 명산으로 태산(泰山), 화산(華山), 숭산(嵩山), 형산(衡山), 항산(恒山)의 5악(岳)을 꼽는다지만, '황산에 한 번 오르고 나면 다른 산은 찾지 않게 된다(登黃山 天下無山)'는 말이 실감 난다. 황산은 '천하제일기산(天下第一奇山)'이라고 자랑할 만큼 과연 중국 최고의 명산답게 매력 만점이다. 흔히 황산의 4절(絶, 4奇)이라 하여 기송(奇松), 괴석(怪石), 운해(雲海), 온천을 꼽는다. 그러나 소나무와 바위가 황산에만 있을 리 없고, 높은 산에 올라 구름을 만나는 것은 황산만의 일이 아니리라. 황산의 명성은 그 웅대함과 산세의 수려함에 있다.

황산은 참으로 깊고 깊은 산이다. 36개의 작은 봉우리와 36개의 큰 봉우리가 어울려서 첩첩이 깊은 협곡을 이루고 있으니, 그 구중협곡(九重峽谷)의 장관은 보고 느낄 것이지 필설로 형용할 일이 아니다. 더욱이 정상 가까이의 높은 계곡에 지어 놓은 호텔에서 투숙하게 된다. 오르막 내리막의 능선길을 따라가면서 발아래 깔리는 천하절경을 몇 시간이고 마음껏 감상할 수 있고, 새벽에는 일출의 장관까지 볼 수 있으니, '정상트래킹'이야말로 황산관광만의 매력이라 할 수 있다.

구중협곡의 장관

황산시에서 가슴 설레는 첫 밤을 지냈다. 언젠가 아미산(峨眉山)에 올라가서 짙은 안개만 보고 내려온 기억이 나서, 새벽에

창밖을 내다보니 하늘은 맑아서 우선 마음이 놓였다. 오전에 국가지정 문화재인 당월(棠樾)의 패방군(牌坊群)을 보고, 오후에는 드디어 황산으로 들어갔다. 패방(牌坊)이란 포(鮑) 씨 가문의 명사들의 공덕을 기리기 위해 세워진 중국풍의 특이한 기념비인데, 마을 입구에 길을 따라 일곱 개나 늘어서 있다.

황산 입구는 다른 산이나 다름없이 쓸쓸한 시골 풍경이다. 구불구불 돌아가는 길옆 산자락에는 계단식 차나무밭이 둘려져 있고, 그 위로 대나무들이 울창한 숲을 이루고 있는 것이 특이할 뿐이다. 해발 8백 미터까지는 대나무가 자라고, 그 위로는 잡목과 소나무가 뒤섞여 자라는데, 높이 올라갈수록 낙락장송이 그 위세를 떨친다.

황산을 올라가는 길은 남로(南路), 동로, 북로 세 군데나 있고, 어느 길이나 중턱에서 봉우리 꼭대기까지는 케이블카(玉屛索道, 雲谷索道, 太平索道)를 타고 갈 수 있다. 우리는 비교적 무난하다는 동로를 이용했다. 운곡사(雲谷寺)에서 50인승 케이블카를 타고 발아래 닿을 듯 스쳐가는 절벽의 괴석과 소나무에 취해 아우성치기 8분을 지나니 어느새 백아령(白鵝嶺) 정상에 닿았다.

케이블카 아래 내려다보이는 계곡에는 돌계단이 깔려 있고, 일용품이나 건설자재를 대나무 양 끝에 매어 달아 어깨로 메고 올라가는 짐꾼의 행렬이 그칠 줄을 모른다. 이 등산로로 올라가면 반나절을 땀을 흘려야 하니 케이블카를 이용하면 좋으련만, 유휴노동자를 고용을 하기 위해서란다.

　황산의 돌계단 길은 독보적이다. 거의 3미터쯤 되는 넓이의 산길을 바위를 깎거나 돌기둥으로 깔았다. 바닥은 울퉁불퉁하게 다듬어 미끄럼을 방지하고 있다. 수많은 봉우리와 봉우리 사이를 이어 놓은 돌계단이 무려 4만 개나 된다고 한다. 황산에 들어서면 한 발짝도 흙을 밟을 수 없고, 평평한 돌바닥뿐이니 지루한 느낌이 들기는 하지만 청결하고 안전하다. 돌계단 옆에는 1백 미터도 안 되는 거리에 고정된 돌 쓰레기통이 줄을 지어 설치되어 있다. 그리고 여기저기 설치해 놓은 1, 2평방미터 넓이의 소방용 저수지에는 맑은 물이 가득 채워져 있다. 어느 것에나 돌에 새겨서 붉은 글씨로 쓰레기통에는 '垃圾池(낼급지)', 저수통에는 '消防水池(소방수지)'라고 표시해 놓았다. 완벽한 공사다.

　어디 그뿐인가. 집게와 비닐봉지를 든 사복의 청소부와 군복의 감시원이 한 조가 되어 어슬렁거리고 있는데, 어쩌다 눈이라도 내리면 바로 쓸어 낸단다. 매일 수천 명이 오르내리고 투숙해도 먼지 한 줌 휴지쪽 하나 찾아볼 수 없으니 오염될래야 될 수가 없겠다. 길을 내면, 케이블카를 설치하기만 하면, 생태계가 파괴된다고 아우성치는 우리나라 환경론자들에게는 꼭 한

번 보여 주었으면 좋겠다.

　백아령에서 케이블카를 내려 약 30분쯤 걸으니 우리가 하룻밤 묵을 호텔(黃山西海飯店)이 나온다. 짐을 풀고 바로 환상적인 정상트래킹을 즐겼다. 호텔에서 나와 서쪽으로 좀 가다가 길이 갈라진다. 오른쪽으로 30분쯤 가면 배운정(排雲亭)이 나온다. 내려다보면 현기증이 날 정도의 절벽 위의 길옆에 돌로 세워 놓은 정자다. 큰 봉우리들과 절벽으로 오목하게 둘러싸인 골짜기를 멀리서 바람이 구름을 몰고 올라와서 운해를 이루고, 배운정 앞 절벽에 부닥쳐 되돌아 나가며 스러져서 배운정이라고 명명했단다. 시시각각으로 변하는 뭉게구름 사이사이로 기암절벽과 그 위에 아슬아슬하게 뿌리박고 솟아 있는 쪽 곧은 소나무들이, 마치 살아 움직이듯 고고한 자태를 보여 주었다 사라지며, 시선을 현혹시킨다고 상상해보았다. 날씨가 좋았으니 마음껏 기암노송을 감상할 수는 있었으되, 한편 운해의 비경을 못 보았으니 아쉬움이 남는다. 욕심이 과한 것이겠지만….

　배운정 앞의 천야만야한 절벽 위에는 굵은 쇠줄로 울타리를 쳐놓았는데, 그 쇠줄에는 빈틈없이 녹슨 자물쇠가 주렁주렁 매달려 있다. 애인이 함께 와서 영원한 사랑을 다짐하며 자물쇠를 잠그고 영영 못 풀도록 열쇠는 골짜기에 던졌다는 것이다. 이혼율이 위험 수위에 달한 우리나라 신혼부부도 황산으로 신혼여행을 와서 자물쇠라도 채우게 했으면 모두 백년해로 할지 생각해 보았다.

배운정 길을 되돌아와서 갈림목에서 왼쪽으로 가면 광명정(光明頂) 정상으로 간다. 비탈길을 내려갔다 다시 앞의 능선길을 오르느라 한바탕 땀을 흘리고 나니, 비래봉의 비래석(飛來石)이 보인다. 높이 10미터쯤 되는 뾰족한 바위가 약간 기울게 서 있는 것이 신기한데, 당장 하늘로 날아갈 듯, 방금 하늘에서 날아온 것 같다 하여 붙여진 이름이란다.

비래석을 뒤로 돌계단 길을 계속 20분쯤 올라가면 황산 제2의 높이를 자랑하는 광명정에 도착한다. 해발 1,860미터인데, 정상에는 기상대를 지어 놓았다. 광명정 쉼터에서 남쪽을 바라보면 협곡을 넘어서 멀리 제일 높은 연화봉(蓮花峰, 1,864미터)과 제3봉인 천도봉(天都峰, 1,810미터)을 잇는 능선이 그림같이 전개된다.

소나무 천국

황산은 소나무의 천국이다. 어느 산에 그렇게 많은 소나무가 자생하고 있고, 어느 산의 소나무가 그렇게 건강하게 장수하며, 어느 산의 소나무가 그렇게 멋있을 수 있을까? 해발 8백미터부터 정상까지 울창한 소나무 숲을 이루며, 괴석의 틈바귀, 바위

봉우리나 수직 절벽에도 절묘하게 뿌리박고 있으니 산수화의 파노라마다. 해발 2,749미터 백두산의 봉우리는 풀 한 포기 없이 곧 무너져 내릴 것 같은 회색의 바윗덩어리일 뿐이니 아름다움과는 거리가 멀다. 적절한 온도와 습도, 오염될 수 없는 맑은 공기 속에서, 바위를 녹이며 뿌리를 내리는 소나무 특유의 생명력으로 몇백 년을 버텨온 노송들. 아무리 찬탄과 칭송을 해도 과함이 없다. 다만 우리나라 야산의 소나무같이 구불구불한 멋을 찾아 볼 수는 없지만, 꼿꼿한 줄기도 가파른 절벽과는 잘 어울린다.

  황산의 소나무는 영화도 누리고 있다. 길가의 소나무는 반드시 긴 대나무쪽을 엮어 만든 보호대를 두르고 있고, 10대명송(大名松)은 유네스코가 세계자연유산으로 지정까지 했으니 말이다. 10대명송의 위용도 당당하려니와 참으로 아름답고 한결같이 건강하다. 차곡차곡 뻗어난 가지마다 손질이라도 한 것같이 빽빽이 돋아난 솔잎에선 짙은 솔향기와 시원한 바람 소리가 흘러나올 것만 같지 않은가? 대왕송(大王松)은 수령 8백 년이라는데 바로 옆에 약간 작은 왕후소나무까지 거느리고 있어 보는 사람마다 한마디씩 하게 한다. 56개 성(省)을 상징하듯 가지가 56개라고 하여 단결송(團結松)이란 이름도 붙었고, 서양악기 하프같이 굽었다고 견금송(堅琴松), 그 모양과 위치 따라 이름도 흑호송(黑虎松), 연리송(連理松), 용과송(龍瓜松), 탐해송(探海松), 영객송(迎客松), 송객송(送客松) 등 가지각색이다. 속리산의 정이품송(正二品松)마저 가지가 훼손되는 것을 생각하니, 부러움과 안타까움이 쌍곡선을 그리며 뇌리를 스쳐간다.

사자봉의 일출

잠도 설치고 새벽에 일어나니, 호텔 앞 전광판에는 '일출시간 6:35, 일출확률 60퍼센트'가 반짝이고 있다. 눈을 비비며 사자봉(獅子峰)을 향해 발걸음을 재촉했다. 봉우리마다 전망이 좋은 자리는 어느새 다 차지하여 발 디딜 틈조차 없으니, 젊은이들 극성스럽기도 하다. 몇 분쯤 지나니 어둠에 잠겼던 동녘 하늘의 구름대가 붉게 물들어 오고, 황홀한 해님의 모습이 서서히 솟아오른다. 눈이 부셔 눈물이 나도록 이글거리는 불덩이를 응시하며 빌어 보았다. 다시 한번 이런 만남을 허용해 주십사고. 태평양의 선상에서 맞은 일출과는 또 다른 감동이다. 어둠 속에서 봉우리와 노송들의 모습이 조용히 드러나는 정경은 운해 속의 그것과도 전혀 다른 절경이다. 얼굴을 돌려 서쪽의 절벽을 바라보니 온통 붉게 물들어 또 다른 천지가 아닌가? 실로 정상 해맞이는 황산관광의 하이라이트다. 내게도 아직 행운은 남아 있구나, 생각하며 아쉬운 발걸음을 옮겨야 했다.

화산미굴의 불가사의

화산미굴(花山謎窟)은 황산시 동쪽에 위치한 화산풍경구의 의문에 싸인 인공동굴이다. 36개나 되지만 개발한 것은 몇 개 안 된다. 최근에 개발된 것 중에서 세계 최대의 인공동굴이라는 제35호 동굴을 들어가 보았다. 넓이 1만 2천평방미터, 깊이 170미터, 26개의 돌기둥이 버티고 있는 그 동굴은, 현대인이 구명할 수 없는 세기의 수수께끼로 남아 나그네의 호기심을 자극한다. 언제, 누가, 무슨 목적으로, 어떻게 그 돌산에 굴을 파냈을까? 그 엄청난 양의 돌을 사용한 흔적도 남기지 않고. 어느 고문헌에도 한 줄의 기록도 없는데. 그래서 미굴이라고 한다.

지표로부터 경사지게 파 내려간 동굴이 오른쪽 끝에 가면 옆을 흐르고 있는 신안강(新安江)으로 통하는데, 강 쪽을 폐쇄했다는 것이 안내자의 설명이다. 그렇다면 혹시, 강 쪽으로부터 위로 파들어 가면서 석재를 끌어내려 강으로 운반해 간 것이 아닐까 추리도 해 보았으나, 그 규모로 보아 역시 인간이 한 공사라기에는 불가사의한 것이다. 참으로 중국에는 별난 것도 많다.

화산미굴(花山謎窟)

경사지 파 내려가 신안강 신안강(新安江)에 통하는 굴
언제쯤 어떻게 왜 팠는지 알 길 없어
황산에 올라가 보니 신기한 것 투성이

다시 찾은 장가계

십여 년 전에 장가계(張家界, 장자제)를 보고 얼마나 경탄을 했던가. 가슴속의 그 영상이 흐릿해지니 다시 한번 그 감동에 젖어보자고 찾아들었다. 십 년이면 강산도 변한다고 했던가. 산하는 변함없어 더욱 푸르고 울창하건만 사람이 개발한 환경은 놀랍게 달라졌다.

그때 적었던 '장가계 일지'를 들추어 보니 삭계욕의 보봉호와 황룡동굴을 보고, 천자산자연보호구에서 하룡(賀龍, 허룽)공원의 전망대까지 케이블카를 타고 올라갔다. 구름에 싸였던 뿌연 천지가 몇 분 후에 벗겨져서 그 놀라운 절경에 갈채를 보냈다. 금편계 계곡 길에서 지쳐버렸던 추억도 되살아난다.

그러나 초창기에 개발한 일부를 보았을 뿐, 이번에는 전혀 새로운 곳만을 보며 다시 놀랐다. 기발한 착상에 상상을 초월하는 도전이다. 자연환경을 파괴한 것이 아니라 아름다운 산하의 속살을 찾아내, 보는 이의 가슴속에 감동의 영상을 심어주지 않는가. 내 건강 상태라면 괜찮다는 여행사 사장의 권유로 또 따라나섰는데, 참으로 잘 갔다.

 무릉원 골짝에 자리 잡은 하르모나 리조트(Harmona Resort: 禾田居度假酒店)에 짐을 풀었다. 양쪽으로 절벽이 솟고 사이에 좁은 강이 흐른다. 집이 들어설 만한 터를 찾아 앉힌 객실이 여기저기 흩어져 있다. 카트를 타고 이동을 하니 낯선 분위기다. 일행 8명에 현지 가이드 4명이니 오붓한 여행이다. 알고 보니 여행사에서 새 상품을 마련하느라고 점검하는 답사여행이었다. 모두 요리상에 둘러앉아 맛까지도 평가를 하며 협의를 하니 나그네도 주인이 된 느낌이다.

 운 좋게도 날씨가 맑아 장가계의 민낯을 마음껏 엿볼 수 있었다. 첫날 아침 십리화랑(十里畫廊)부터 갔다. 입구에서 얼마쯤 걸어가니 수직으로 솟구친 바위기둥들이 갖가지 모양을 뽐내며 우리를 환영한다. 격지격지 포개서 쌓아 올린 석영사암(石英砂岩)의 봉우리가 이 지대의 특색이다. 무려 3,100여 개의 봉우리라니 신비롭기 이를 데 없다. 그래서 봉림(峰林)이라고 한다.

 그림같이 아름다운 봉우리들이 도열한 십리화랑의 골짝을 편도 5.8km나 되는 모노레일을 타고 하는 황제관광을 즐긴다. 맨

끝에 솟아 있던 삼자매봉의 위용이 눈에 선하다. 어필봉(御筆峰)을 비롯해 노인봉, 선녀배관음(仙女拜觀音), 미혼대(迷魂臺) 등 가지가지 특색 있는 이름을 붙여 놓았으나 일일이 기억할 길이 없다.

오후엔 천자산(天子山, 텐즈산)을 올랐다. 사방이 기암절벽이라 암벽의 위용에 식상할 지경인데, 또 놀래주는 괴물을 만난다. 높이 326m의 엘리베이터, 백룡천제(百龍天梯)를 타야 한다. 수직 절벽의 옆구리에다 붙여 놓았으니 또 하나의 인공 사각봉우리가 아닌가. 세상에서 제일 높고, 가장 빠르며, 적재중량이 제일 크다고 자랑을 한다. 할 말을 잊는다.

다음 날은 장가계 시내에서 올려다보이는 천문산(天門山, 해발 1,518.6m)을 올랐다. 팔 학년의 노인도 고소공포증만 없다면 걱정할 필요가 없다. 세계에서 가장 긴 케이블카(天門山索道)가 놓여 있기 때문이다. 장장 7,455m의 외줄에 매달려 반시간을 넘게 골짝을 내려다보며 달린다. 케이블카를 내리면 봉우리를 끼고 한 바퀴 돌아 천문동(天門洞)에 이른다. 이 하늘공원의 길들은 거의 인공으로 만들어 절벽에 붙여 놓은 잔도(棧道)다. 유리잔도에서 내려다보면 비행기에서 내려다보는 느낌이니 오금이 저려온다. 귀곡잔도(鬼谷棧道), 천문산사(天門山寺)를 거쳐 뻥 뚫린 천문동 동굴 문을 바라보면서 하산 길에 오른다.

하산도 계단길이 아니고 에스컬레이터를 타니 걱정할 필요가 없다. 그러나 또 놀라게 된다. 바위산을 뚫고 그 속에다 설치했다. 상상을 초월한다. 100여 m의 긴 에스컬레이터를 일곱 번이나 갈아타고, 다시 방향을 바꿔 다섯 번이나 갈아타고 나오면 천문동이 까맣게 올려다보인다. 여기서부터는 버스로 구곡양장 절벽을 끼고 내려온다. 참으로 가슴 졸이며 즐기는 천문산 관광의 백미라 하겠다.

하산하여 시내로 들어왔다. 늦은 점심이지만 한식으로 송이파티를 하자고 독도식당(獨島餐廳)으로 찾아갔다. 귀한 송이를 두껍게 썰어 내왔고, 탕도 맛이 없다. 누군가 소면 탕에 송이를 곁들이면 좋다고 한다. 소면을 사러 갔으나 없어서 라면을 사왔다. 드디어 이 사장이 팔을 걷어붙이고 식칼을 잡았다. 얇게 저민 송이를 구워 대며 새로 개발한 '송이라면'으로 요리 실력을 과시했다. 덕분에 우리는 송이로 포식을 했다.

일찌감치 상해 홍차오(虹橋)공항 근처의 호텔에서 쉬었다. 다음날 오진(烏鎭, Wuzhen)으로 가기 위해서다.

상해서 오진까지 근 두 시간을 달려도 산은 만날 수가 없다. 오진이 가까울수록 여기저기 연잎이 사방에 깔려 있다. 이름난 수향(水鄕)임을 실감한다.

오진의 서책경구(西柵景區)에 짐을 풀었다. 누군가 이 도시는 베니스와 교토를 합친 분위기라고 한다. 동서로 뻗은 중앙의 수로를 중심으로 구석구석 물길이 연결되고, 노를 젓는 나무배가 오가니 베니스가 연상된다. 고색창연한 검정 목조건물이 600여 년 전의 모습을 드러내니 일본 사무라이들의 거리가 연상된다. 옛날 마을의 수로와 건너가는 돌다리들의 모습을 그대로 재현하고 목재와 새겨 넣은 문양까지도 정교하게 살렸다. 아무튼 타임머신을 타고 명, 청시대로 돌아간 듯 옛 정취가 물씬 풍기는 짝퉁도시를 거창하게 만들었다. 안에 들어가면 오만 가지 현대식 매점을 차려놓고 나그네를 홀리니, 이곳에서도 또 한 번 혀를 차지 않을 수 없다.

 골목길을 돌아보다 내 눈이 끌린 곳은 전족박물관(三寸金蓮館)이다. 전족(纏足)의 악습이 지금은 없어졌지만 나는 어려서 보았기에 감회가 새롭다. 어떻게 10㎝로 발을 묶어 놓고 뒤뚱거리는 모습을 보고 즐겼을까. 그것도 자랑스러운 문화라고 박물관까지 차려놓았으니.

(2014. 4.)

뱃길 5천 리

 상해 지역을 들를 때마다 드넓은 강을 휩쓸고 가는 장강 흙탕물의 기세가 놀라웠고, 언젠가는 저 강 상류에 가서 맑은 물결을 보리라 생각했다. 그 꿈이 이루어져 장강에서 가장 경관이 좋다는 삼협(三峽)의 5천 리를 배를 타고 바라본다니 생각만 해도 가슴이 설렌다.

 중경(重慶)까지 비행기로 날아가 유람선을 타고 의창(宜昌)으로 내려오며 구당협(瞿塘峽)·무협(巫峽)·서능협(西陵峽)의 절경에 흠뻑 취했다. 물론 세계인의 주목을 받았던 삼협댐도 둘러보기로 했다. 그도 호사다마라고 할까, 호북성 지역에 십여 일의 장맛비로 강물은 불어나 중경에서 빅토리아호의 승선은 못하고 네 시간의 밤길을 버스로 이동하여 새벽녘에야 풍도(豊都)에 이르러 삼국호(三國號)에 짐을 풀었다.

잠깐 아침에 눈을 붙였다 떠보니 강물은 황토와 쓰레기로 뒤범벅이다. 장맛비로 물빛이 붉어진 것이 아니라 1년 내내 그렇단다. 그렇듯 장강은 넓은 평원을 흐르며 주변의 흙을 파가다가 점점 넓이를 더하여 물이 불어나면 쉬 범람하기 마련이란다. 다만 상류는 돌산으로 첩첩 싸인 곳이라 강폭이 넓혀질 수 없어서 급류로 명승 협곡을 이루게 된 모양이다. 그래도 물빛은 항시 벌건데, 그곳에 비해 우리 한강물은 더없이 맑으니 푸른 하늘과 더불어 얼마나 축복받은 환경인가.

이곳 구당협은 서쪽의 봉절(奉節)로부터 시작하여 동쪽으로 무산(巫山)의 대계(大溪)에 이르는 8킬로 구간을 일컫는다. 장강 삼협 중에서 가장 짧은 구간이지만 제일 웅장한 협곡이다. 양쪽의 절벽은 칼로 자르고 도끼로 찍어 내린 듯하다. 옛 시인은 봉우리가 하늘을 찌르고 배가 땅굴을 파고들었다고 표현했다. 넓은 강이 이곳에 와서 100미터 정도의 폭으로 좁아져서 물결은 거세어지고 손에 땀이 흐를 지경이었다 하나, 지금은 하류의 댐 건설로 하여 수위가 40미터쯤 높아지면서 그런 기분은 맛볼 수 없게 되었다.

구당협 입구의 왼쪽에는 유서 깊은 백제성(白帝城)이 마치 장강을 원망이라도 하듯 내려다보고 섰다. 촉(蜀)나라의 유비가 오(吳)의 토벌에 나섰다가 실패하자 이 백제성으로 물러나 제갈

량에게 두 아들을 맡기고 파란만장한 삶을 마감한 역사의 현장이다.

수위가 높아지기 전에는 저 백제성도 육지와 연결되어 있었고, 천여 개의 가파른 계단을 올라야 다다를 수 있다고 했으나 지금은 강물 속에 갇힌 작은 섬으로 변모했다. 그 강에 다리가 놓여 자동차로 다가갈 수 있다. 30여 개의 계단만 앞에 놓여 누구도 쉽게 오를 수 있게 되어 있다. 이런 개발이 많은 사람에게 편리는 가져다주지만, 옛 정취는 당연히 반감되기 마련이다.

깎아지른 절벽에 성난 물결 이십여 리
병사의 핏물인가 벌겋게 뒤집혔네
백제성 감돌아 가서 깊은 숨을 몰아쉬네
― 「백제성 바라보며」

무협은 무산(巫山)을 끼고 굽이굽이 흐르는 협곡이다. 조용하고 수려한 경치로 널리 알려져 있다. 중경시 무산현의 대녕천(大寧川)에서 비롯하여 동쪽으로 호북성의 파동(巴東)에 이르는 약 45킬로의 협곡을 말한다. 무산 열두 봉을 뭉게구름이 감싸 안으면 그림 같은 절경에 누군들 마음을 빼앗기지 않을 수 있으랴. 무산의 선녀봉(仙女峰)은 해발 922미터, 삼협댐의 수위가

175미터에 이르더라도 그 웅장한 모습에 손상은 전혀 없으리라. 구름에 싸인 선녀봉에서 여자상을 찾아내면 행운이 온다나, 왠지 나도 관심이 끌린다.

30도를 넘나드는 한낮의 기온, 낮에는 강바람도 훅훅 열기를 뿜어댄다. 그러나 노을이 질 무렵이면 어둠 따라 상쾌한 바람이 스쳐 견디기가 쉬웠다. 아무튼 눈으로 보는 청산의 그림보다야 피부로 느끼는 협곡의 정기가 훨씬 감미롭다는 생각이다. 이따금 스쳐가는 산바람도 마음을 달뜨게 하는데, 줄기차게 밀려오는 강바람의 간지러움은 장강 크루즈의 백미였다.

> 무산의 선녀봉은 하늘 높게 솟구쳤고
> 구름 속 선녀 쫓아 행운이 온다지만
> 백여 리 좁은 골짝엔 찬 소리 요란하다
> ―「선녀봉의 위용」

서능협은 호북성의 향계(香溪)로부터 의창(宜昌)에 이르는 기나긴 협곡이다. 암초가 많고 물살이 센 곳, 갈주파댐의 건설로 30년이 된 지금엔 수위는 20미터쯤 높아져 편한 항로가 개설된 셈이다. 옛날, 사람이 강변에서 배를 끌어 올리는 그런 고된 항로는 없어졌다.

우리는 작은 배를 바꿔 타고 가다 5인의 뱃사공이 젓는 쪽배로 신농계(神濃溪) 중간 지점까지 갔다 돌아왔다. 마지막 1백 미터는 일부러 밧줄로 끌어 옛날의 운치를 재현해 주기도 했다.

    서능협 이백리 물살이 하도 급해
    밧줄로 쪽배 묶어 어깨로 끌어가고
    사공의 구성진 노래 산으로 올라간다
                      -「신농계를 거슬러가며」

사공들은 모두 소수민족인 토가족이다. 짧은 바지만 입고 있어서 까맣게 살이 그을리고 매일 하는 고된 작업에 마른 근육만 반짝였다. 일을 다 끝내고 나면 강가로부터 높은 절벽 위에 있는 집을 향해 한 시간 반 정도는 또 기어올라야 한다니 상상만 해도 숨이 턱에 찬다. 첩첩산중으로 이어지는 그 어려운 삶의 실상이 내 마음도 무겁게 한다.

여정을 마치고 돌아서는 길에 동승한 토가족의 여인이 저들의 민속가요 한 곡을 구성지게 불러주며 CD를 사달라고 매달린다. 팁 대신 몇 장을 선물로 살까 하여 내 배낭에 챙겼다.

노을녘의 행복

오라는 곳 갈 곳 없고 갈 수도 없거니
나 홀로 맨발 걷기 때 없이 풀밭 걷기
행복이 별것이던가 즐기면 족한 것을

작가연보　　海巖 이범찬

학력

1941. 3~1946. 7. 여흥초등학교

1946. 9~1951. 10. 여주농업중학교

1951. 10~1952. 3. 여주농업고등학교

1952. 4~1953. 3. 서울대학교 농과대학 부치 중등농업교사양성소

1953. 4~1960. 3. 서울대학교 법과대학

1958. 4~1960. 3. 서울대학교 대학원(법학석사)

1975. 2. 동국대학교 대학원에서 법학박사학위 취득

1980. 7~1981. 7. 미국 Columbia University에서 회사법 연구(객원교수)

1992. 8~1993. 2. 일본 리쯔메이칸대학에서 회사법 연구(객원교수)

경력

1953. 7. 27 제대(육특(丙) 160호, 육군 이등병, 군번 0787751)

1960. 4~1961. 3. 국민대학 강사

1961. 4~1961. 8. 국민대학 전임강사

1962. 3~1964. 2. 국민대학 강사

1963. 11~1966. 2. 이화여자대학교 법정대학 전임강사

1975. 3~1975. 7. 이화여자대학교 법정대학 교수

1975. 7~1998. 8 성균관대학교 법과대학 교수
1984. 3~1988. 1. 성균관대학교 법과대학 학장
1988. 2~1990. 2. 한국상사법학회 회장
1998. 8. 31. 성균관대학교 법과대학 정년퇴임, 국민훈장 석류장
1998. 9. 1~ 현재 성균관대학교 법과대학 명예교수
1999. 4. 1~ 2007. 3. 31. (일본)나고야경제대학 교수
2005. 8.『수필문학』으로 등단(수필), 수필문학추천작가회 회원
2007. 1. 20. 한국수필문학가협회 이사
2007. 4. 1~ 2009. 3. 31. (일본)나고야경제대학 객원교수(전임)
2007. 4. 1~ 현재 (일본)나고야경제대학 명예교수
2007. 12. 한국문인협회 회원
2008. 6.『문학시대』로 등단(시), 문학시대시회 회원
2008. 11. 문학의 집·서울 회원
2012. 9. 제8회 원종린수필문학상(작품상) 수상
2016. 6. 제6회 월산문학상 수상
2018. 4. 제16회 대한민국서예문인화대전에서 문인화 부문 입선
2018. 8. 제15회 한국추사서예대전에서 문인화 부문 입선
2019. 6. 제17회 대한민국서예문인화대전에서 문인화 부문 삼체상 수상
2019. 8. 제16회 한국추사서예대전에서 문인화 부문 입선
2020. 5. 28.~2022. 4. 30. 서울대학교 법과대학 동창회 제38대 상임이사
2020. 11. 5.~ 대한민국 6·25참전유공자회 서울시지부 서초구지회 운영위원
2022. 5. 21 제32회 수필문학상 수상(한국수필문학가협회, 월간 수필문학사 주최)
2023. 12. 18. PEN문학상 수필부문 수상(국제PEN한국본부)

해암 이범찬 교수의 연구실적

(저서)

1965. 5. 상공인의 상업법규 | 향문사
1966. 9. 상법예해(상) (서돈각·이범찬 공저) | 법통사
1970. 5. 경영자(차낙훈·이범찬 외 4인 공저 | 신영출판사
1972. 6. 상법예해(하) (서돈각·이범찬 공저) | 국민서관
1973. 5. 상법강의(하) | 국민서관
1976. 6. 주식회사감사제도론 | 법문사
1978. 9. 신공업소유권법 (이범찬·이수웅 공저) | 지학사
1979. 4 상법강의 | 국민서관
1982. 5. 객관식 상법요해 | 삼영사
1984. 3. 상법개정안해설(손주찬·이범찬 외 4인 공저) | 삼영사
1984. 4. 개정상법해설(손주찬·이범찬 외 4인 공저) | 삼영사
1984. 9. 체계상법판례집3-1(이범찬·임홍근·김헌무 공편) | 삼지원
1988. 12. 예해상법 상권 | 국민서관
1989. 1. 주식회사의 감사제도 | 한국상장회사협의회
1989. 6. 주석상법(Ⅱ-하)(손주찬·이범찬 외 4인 공저) | 한구사법행정학회
1990. 5. 대학교육:사회과학분야(이돈희·이범찬 외 12인 공저) | 대왕사
1993. 2 체계상법판례집 3-1, 3-2, 3-3 (이범찬·임홍근·김헌무 공편)
　　　　| 성균관대학교법학연구소
1994. 10. 韓國會社法論(日本) | 晃洋書房
1995. 5. 상법개정안해설(손주찬·이범찬 외 6인 공저) | 법문사
1996. 2. [제6판] 상법요해 | 삼영사

1997. 2. 주식회사의 감사제도(이범찬·오욱환 공저) ㅣ상장회사협의회
1997. 2. 〔제4판〕 상법개론(이범찬·최준선 공저) ㅣ삼영사
1997. 8. 상법(하) (이범찬·최준선 공저) ㅣ삼영사
1997. 12. 〔제7판〕 상법요해 ㅣ삼영사
1998. 9. 현대주식회사의 기관구조(이범찬·염정의 공저) ㅣ삼지원
1998. 12. 회사법의 제문제 ㅣ삼지원
1998. 12. 해암의 자화상 ㅣ삼지원
1999. 7. 주석 상법(Ⅲ)[회사법(2)](손주찬·이범찬 외 4인 공저)
　　　　ㅣ한국사법행정학회
2001. 2. [제7판] 상법개론(이범찬·최준선 공저) ㅣ삼영사
2001. 8. [제3판] 상법 (하)(이범찬·최준선 공저) ㅣ삼영사
2001. 11. 한국회사법(이범찬·임충희·김지환 공저) ㅣ삼영사
2002. 7. [제3판] 상법 (상)(이범찬·최준선 공저) ㅣ삼영사
2003. 4. [第2版] 比較企業法講義(日本語版) ㅣ三知院
2003. 4. [제4판] 주석 상법 [회사(Ⅲ)] (손주찬·이범찬 외 5인 공저)
　　　　ㅣ한국사법행정학회
2003. 10. [제11판] 상법요해 (이범찬·김지환 공저) ㅣ삼영사
2004. 5. 韓國會社法講義(日本語版) ㅣ三知院
2004. 7. 韓國法概說(日本語版)(李範燦·吳旭煥·金知煥 共著) ㅣ三知院
2006. 4. 기행문집 『지구촌의 여정』 ㅣ교음사
2007. 4. 수필집 『원숭이 목각』 ㅣ교음사
2008. 7. 시집 『바닷바위의 노래』 ㅣ마을
2008. 12. 大韓民國法概說(日本語版)(李範燦·石井文廣 共編著) 成文堂

2009. 7. 시집 『시클라멘을 마주하고 앉으면』 | 마을
2010. 2. 수필집 『늙마의 외도』 | 소소리
2010. 10. 시조집 『가을로 가는 나들이 노래』 | 마을
2011. 11. 시조집 『노을녘을 달구며』 | 마을
2012. 8. 기행문집 『발길 따라 물길 따라』 | 소소리
2013. 6. 시조집 『푸른 동산』 | 마을
2014. 9. 수필집 『어차피 가는 길을』 | 소소리
2015. 5. 시조집 『바람 따라 구만리』 | 마을
2016. 1. 기행문집 『낯선 땅을 찾아』 | 소소리
2016. 5. 편지모음 『늦깎이 글집의 자국들』 | 소소리
2017. 3. 수필집 『들판을 달리며』 | 소소리
2017. 6. 시조집 『길손의 노래』 | 마을
2017. 9. 편지모음 『내 글집의 자국들』 | 소소리
2017. 12. 수필선집 『발자국을 돌아보며』 | 소소리
2018. 2. 『제2판 회사법』(이범찬·임충희·이영종·김지환 공저) | 삼영사
2018. 4. 회고록 『송암의 자화상』 | 소소리
2019. 2. 시조집 『산마루를 오르며』 | 마을
2019. 10. 수필집 『어느 결에 팔팔이』 | 소소리
2020. 1. 회고록 『해암문학관』 | 소소리
2020. 6. 시선집 『돌아본 들판길』 | 소소리
2021. 7. 시조집 『인연의 메아리』 | 마을
2021. 8. 수필집 『나그네의 가을걷이』 | 교음사
2022. 1. 편지모음 『사연을 못 잊어』 | 소소리

2022. 3. 수필선집 『노을의 향연』 | 교음사
2022. 7. 시조집 『노을이 황홀해서』 | 마을
2023. 1. 회고록 『송암문학관』 | 소소리
2023. 5. 시조선집 『철 따라 바람 따라』 | 마을
2023. 6. 수필집 『설죽의 꿈』 | 교음사
2023. 8. 『별들의 사랑방』 | 소소리
2024. 8. 수필선집 『노을녘을 즐기며』 | 교음사

(번역서)

1961. 6. 『법의 새로운 길』(고병국·이범찬 공역)
(Roscoe Pound, New Path of the Law) | 법문사
1986. 3. 『현대상사법의 과제』(이범찬·최준선 공역)
(Clive M. Schmitthoff, Commercial Law in a
Changing Economic Climate) | 성균관대학교 출판부

노을녘을 즐기며

2024년 8월 05일 초판 인쇄
2024년 8월 10일 초판 발행

지은이 / 이범찬

발행인 / 강병욱
발행처 / 도서출판 교음사
편 집 / 隨筆文學社 出版部

03147 서울 종로구 삼일대로 457 수운회관 1308호
Tel (02) 737-7081, 739-7879(Fax)
e-mail : gyoeum@daum.net

등록 / 제2007-000052호

* 잘못된 책은 바꿔 드립니다. 값 13,000원

ISBN 978-89-7814-993-8 03810

- 이 도서 내용의 전부 또는 일부를 재사용하려면 저작권자와 교음사의 동의를 받아야
  합니다. 지은이와의 협의 하에 인지는 생략합니다.